Sigrid Neudecker
Sauber!

Zu diesem Buch

Was ist »sauber«? Streit in Wohngemeinschaften jeder Art entsteht meist nur, weil die Beteiligten bei diesem Thema unterschiedliche Schmerzgrenzen haben. Daher lohnt es sich, bestimmte Dinge ein für alle Mal zu klären: Eine Woche lang wird eine Liste geführt, wer was in der Wohnung erledigt. Für jeden Raum gibt es eine Checkliste und zum Schluss wird das Erlernte in einem kurzen, unterhaltsamen Test abgefragt. Sigrid Neudecker verrät leicht umsetzbare Tipps, wie man die Wohnung ohne übermäßigen Mittel- und Körpereinsatz sauber bekommt – und hält.

Außerdem wird in diesem Buch das große Geheimnis gelüftet, wie man ganz einfach weniger putzen muss. Kein Trick, kein doppelter Boden! Und nach der Lektüre weiß dann wirklich jeder, wieso der Partner oder die Mitbewohnerin sauer reagiert, wenn man ganz freundlich fragt: »Wie kann ich dir heute im Haushalt helfen?«

Sigrid Neudecker wurde in Wien geboren und lebt seit 20 Jahren in Hamburg. Sie war Redakteurin bei der Wiener Stadtzeitung *Falter*, schreibt für *Die ZEIT*, *ZEIT online*, den *Feinschmecker* und andere Magazine. Sie ist seit mehr als zehn Jahren verheiratet und hat in dieser Zeit herausgefunden, dass eine glückliche Ehe auf Toleranz (gegenüber unterschiedlichen Vorstellungen von Sauberkeit) sowie Ignoranz (gegenüber Flecken) fußt.

Sigrid Neudecker

SAUBER!

Eine einfache Anleitung für alle,
die eigentlich keine Lust aufs Putzen haben

PIPER

Originalausgabe
ISBN 978-3-492-31768-9
Januar 2022
© Piper Verlag GmbH, München 2022
Umschlaggestaltung: zero-media.net, München
Umschlagabbildung: Finepic®, München
Satz: Uhl + Massopust, Aalen
Icons: https://de.freepik.com/
Gesetzt aus der Bembo Std
Litho: Lorenz & Zeller, Inning am Ammersee
Druck und Bindung: CPI books GmbH, Leck
Printed in the EU

Für meinen vielseitig talentierten Mann,
ohne den dieses Buch nicht möglich gewesen wäre.

»Tell me and I forget, teach me
and I may remember, involve me
and I learn.«

BENJAMIN FRANKLIN

INHALT

1 ✦ Quick & Dirty

Dieses Buch ist keine Anleitung, wie man eine Wohnung keimfrei bekommt. Es geht hier nicht darum, jedes letzte Staubfitzelchen zu eliminieren und danach das Atmen einzustellen, um keine weiteren aufzuwirbeln. Dieses Buch ist keine Bibel für anale Charaktere, sondern will einfach nur möglichst praktische Tipps geben, wie man ein Haus, eine Wohnung oder ein gemeinsames Büro ohne übermäßigen Mittel- und Körpereinsatz in einem Zustand hält, den ein Großteil der darin lebenden Menschen als sauber bezeichnen kann. Sprich: Dieses Buch will einfach nur Weltfrieden.

Wobei: Was ist »sauber«? Wo die einen keinerlei Handlungsbedarf erkennen können (und zwar ehrlich und beim besten Willen nicht), verspüren andere bereits leichten Brechreiz. Die Definition »Schmutz ist Materie am falschen Ort« wird durchaus unterschiedlich interpretiert. Die meisten Streits in Wohngemeinschaften jedweden Beziehungsgrades entstehen nicht dadurch, dass der eine *nie* putzt und die andere *immer*, sondern dadurch, dass alle Beteiligten beim Thema Dreck unterschiedliche Schmerzgrenzen haben. Die eine kann über den Fleck auf dem Küchenboden fünf Tage lang locker hinwegsehen (weil sie ihn tatsächlich einfach nicht sieht), der andere bekommt deswegen schon nach einem halben Tag nervöse Pickel. Auf ein und dasselbe Waschbecken reagiert der eine mit »Wo ist das Problem?«, während die andere lieber den Seuchendienst alarmiert. Ich kenne einen Mann, in dessen Toilette die meisten Besucherinnen erst einmal hineingekotzt haben, und zwar nicht wegen eines Magen-Darm-Infekts.

Deshalb gibt es in diesem Buch für jeden Raum eine kleine Liste an Fragen, die als Hilfestellung für die Erarbeitung einer gemeinsamen Definition von »Yep, ist sauber« dienen sollen. Spoiler: Es werden sich höchstwahrscheinlich alle Beteiligten ein wenig beweglich zeigen müssen. Das Ziel ist ein kleinster gemeinsamer Nenner, um das leidige Thema nicht jede Woche neu diskutieren zu müssen. Denn auch hier ist nicht das Ungleichgewicht »Einer putzt/einer putzt nie« das Problem, sondern die moderne Version der chinesischen Tröpfchenfolter, dieselben Fragen immer wieder aufs Neue zu diskutieren.

Aus diesem Grund lohnt es sich, bestimmte Dinge ein für alle Mal zu klären. Muss der Kühlschrank bereits ausgemistet werden, wenn sich einem die Wurst nur leicht entgegenneigt, oder erst, wenn sie schon selbst rausgehen kann? Wird der Küchenboden nach jeder größeren Kochaktion gewischt oder erst, wenn ein vollständiges Menü dort liegt? Macht die Küche diejenige, die bekocht wurde (ausgleichend fair), oder derjenige, der gekocht hat (erzieherisch wertvoll).

Dieses Buch lüftet auch ein paar Geheimnisse, etwa jenes der in der Waschmaschine verschwundenen Socken. Und das größte aller Geheimnisse überhaupt: wie man weniger putzen muss, ohne auch nur einen Handgriff mehr zu tun! Kein Trick, kein doppelter Boden! Du wirst erstaunt sein!

Aber wieso soll ich eigentlich putzen, wenn ich überhaupt nicht will?

Exzellente Frage. Du lebst allein, hast nie Freunde oder Freundinnen zu Besuch und auch kein Problem damit, dass dir die Staubknäuel hin und wieder zwischen den Zehen hängen bleiben? Dann musst du natürlich auch nicht putzen. Du musst nur auf die nächste Pandemie hoffen, die dir weiterhin eine besucher/innenfreie Wohnung beschert, und solange du noch ein sauberes Stück Alufolie findest, von dem du essen kannst, ist das doch alles kein Problem.

Ach so, du lebst gar nicht allein, sondern mit mindestens einem anderen Menschen, mit dem – beziehungsweise vielleicht eher der – du schon mindestens einmal wegen Schmutz in der Wohnung gestritten hast? Dann sprechen wir jetzt einmal die erste von vielen unbequemen Wahrheiten aus: Sobald du irgendwo *bist,* machst du auch Dreck. Sogar wenn du ganz still sitzt und nur atmest. Wieso sollte den andauernd jemand anderer, den du dafür nicht bezahlst, wegmachen?

Im Kapitel »Schwerkraft« sehen wir uns diesen Dreck übrigens kurz genauer an. Glaub mir, du willst mit ihm nicht mehr Zeit verbringen als unbedingt notwendig.

Aber wir haben doch eine Reinigungshilfe!

Kommt die täglich? Okay, wenigstens alle zwei Tage? Kommt sie jeden Abend, nachdem ihr gekocht habt, und macht die Küche? Kommt sie, sobald der Berg an Schmutzwäsche hoch genug ist? Fällt die Streitfrequenz in eurem Haushalt nach ihren Besuchen radikal ab, steigt bis zu ihrem nächsten Einsatz aber wieder kontinuierlich an?

In jedem Raum, der bewohnt oder in dem gearbeitet wird, entsteht laufend Schmutz. Stimmt, manchmal sieht man ihn nicht, aber er ist da. Selbst wenn eure Reinigungshilfe wöchentlich kommt, gibt es in jedem Haushalt neuralgische Punkte, die einfach öfter geputzt werden müssen. Küche, Bad, WC. Und noch einmal: Hier sprechen wir nicht von hohen Sauberkeitsansprüchen perfekter Hausfrauen à la Mutter Beimer, sondern vom Mindeststandard.

Deswegen will dieses Buch jedem Mitglied eures Haushaltes die völlig simplen Grundlagen vermitteln, die es braucht, um eine Wohnung auch zwischen den Profi-Reinigungen sauber zu halten. Es geht ganz einfach, kostet wirklich nicht viel Zeit – und tut auch gar nicht weh!

2 Beginnen wir einfach

Die gute Nachricht: Putzen ist einfach und logisch. Putzen ist eine meditative Tätigkeit, bei der man den Kopf frei bekommt für die wahren Probleme des Lebens. Viele Putz-Handgriffe kann man ganz nebenher erledigen oder sich fast schon von allein erledigen lassen. Putzen macht außerdem fit, das ist sogar wissenschaftlich erwiesen! Und, Cliffhanger: Es gibt ein paar Tricks, wie man viel seltener putzen muss! Schlechte Nachrichten gibt es dann schon gar keine mehr.

Was man zum Putzen braucht, sind ein paar simple Hilfsmittel, ein Grundverständnis einfachster physikalischer Prinzipien – und so wenig Nachdenken wie möglich. Ein Fleck ist ein Fleck ist ein Fleck. Meistens nicht nötig, den erst einmal ausführlich zu analysieren, wenn man nicht gerade bei der Spurensuche arbeitet.

Putzen folgt einem einfachen binären Prinzip mit zwei Einstellungen: Schmutz da oder Schmutz weg. Um den Unterschied zu erkennen, brauchst du weder Talent noch besondere körperliche oder geistige Fähigkeiten, sondern einfach nur den Willen, dich in deinem Zuhause (oder an deinem Arbeitsplatz) wohlzufühlen und dabei auch noch ein sozial denkender und handelnder Mensch zu sein.

Okay, eine schlechte Nachricht gibt es doch: Fürs Putzen braucht man keine fancy Ausstattung mit sündteuren Dampfreinigern oder linksdrehenden Reinigungsmitteln.

Man muss auch nicht erst einmal ein paar Kurse belegen oder sich stundenlang Youtube-Videos ansehen. Wer einen Lappen, einen Wasserhahn sowie mindestens eine freie Hand besitzt, kann loslegen. Wie gesagt, schlechte Nachricht.

Die wichtigste Grundformel fürs Putzen lautet nämlich:

Putzmittel = Wasser x Zeit

Wasser ist ein Wundermittel, das die meisten Flecken wegbekommt. Es kann auch welche erzeugen, wie Fans von poliertem Autolack nur allzu gut wissen, aber dazu kommen wir später. Die meisten haushaltstypischen Flecken gehen jedenfalls entweder durch simples Drüberwischen mit einem feuchten Lappen weg oder mit ein bisschen Einweichen, ergo: Zeit.

Wasser kriegt sogar Fett weg. Dazu braucht es nur einen Verbündeten: das Mikrofasertuch. Wir werden es im Laufe dieses Buchs lieben lernen.

Wie oft muss man putzen? Kommt drauf an. Leben Tiere oder Kinder im gemeinsamen Haushalt, dann stündlich. Bei zwei Personen genügt daumenmäßig einmal pro Woche. Und das vergessen wir auch gleich wieder, denn es gibt keinen Rhythmus, der sklavisch eingehalten werden muss. Sehr oft gilt: Geputzt wird, wenn's schmutzig ist.

Der einfachste Trick ist also zu schauen, ob überhaupt sauber gemacht werden muss. Die Fensterbänke werden im Sommer, wenn die Fenster offen sind und mehr Dreck reinkommt, vermutlich öfter gewischt werden müssen als im Winter. Gehe mit offenen Augen durch deine Wohnung, schau hin und wieder nach unten (Boden!) und nach oben (Spinnweben!), ergreife die entsprechende Maßnahme, fertig.

Immer dann, wenn du das Gefühl hast: »Ist eh sauber«, solltest du dir deine Wohnung mit den Augen eines Menschen ansehen, den du gern beeindrucken würdest. Woran hast du dich selbst schon so gewöhnt, dass es dir gar nicht mehr auffällt? (Die Haare auf dem Badezimmervorleger, die verkalkte Küchenspüle, die Staubschicht auf dem Fernseher… du hast verstanden?) Käme jetzt spontan jemand zu Besuch, in welche Räume würdest du sie oder ihn lieber nicht hineinlassen?

Putzen muss nicht der große Sisyphus-Fels sein, den du vor dir her rollst, ohne jemals ans Ziel zu kommen. Oder sagen wir besser: nicht unbedingt. Stimmt, die Wohnung wird immer wieder dreckig, und dann muss man von vorn beginnen. So gut kann niemand aufpassen. Aber man kann nicht nur die Dreckentstehung hemmen, sondern auch die Dreckbeseitigung so organisieren, dass sie beispielsweise nicht gleich das komplette Wochenende in Anspruch nimmt. Denn viele Kleinigkeiten lassen sich tatsächlich so nebenher erledigen, dass die Hauptarbeit schon einmal getan ist. Während du dir die Zähne putzt, kannst du mit der anderen Hand schon einmal die eingetrockneten Zahnpastaflecken im Waschbecken mit dem Badezimmerlappen einweichen. Während langweiliger, sorry, *geistig nicht übermäßig anspruchsvoller* Telefonate kannst du wunderbar nebenher stille Arbeiten erledigen, etwa die Fensterbänke wischen. Während du darauf wartest, dass dein Teewasser kocht, ist die Spüle gewischt, und bis der Kaffee endlich durchgelaufen ist, hast du längst den Geschirrspüler ausgeräumt. Was erledigt ist, ist erledigt.

Effizienz ist besser als Sex, glaub mir.

Mikrofasertücher sind Göttins Geschenk an alle faulen Menschen. Es gibt die Tücher in jedem Super- und Drogeriemarkt, und am besten kauft man gleich ein paar, sagen wir: zehn Stück. Die kosten nix, halten ewig und es gibt sie in unterschiedlichen Farben, sodass man jedem Raum oder jedem Putzobjekt seinen Lappen zuweisen kann. Denn wir wollen nicht die Arbeitsflächen in der Küche mit demselben Lappen putzen wie das WC. Oder auch nur den Boden. (Wenn dir das jetzt zwänglerisch vorkommt, blättere vertrauensvoll zum Kapitel 4, wo wir uns ansehen, woraus ganz normaler Staub so alles besteht.)

Es gibt nämlich, das sei gleich an dieser Stelle gesagt, eine Schmutz-Hierarchie, also eine absteigende Ekel-Skala. Wir wollen beispielsweise Dinge, die mit unserem Essen in Berührung kommen, nicht mit denselben Utensilien reinigen wie Dinge, die mit unseren Füßen in Kontakt geraten – oder mit dem, was aus unserem Essen nach ein paar Stunden geworden ist. Du wirst schnell ein Feingefühl dafür entwickeln, was für dich auf derselben Schmutz-Hierarchiestufe steht.

Warum genau Mikrofasertücher so gut reinigen, muss man jetzt nicht studiert haben. Die Kurzversion lautet: Sie haben durch ihren Mikrofaseraufbau eine sehr große Oberfläche, die viele Schmutzpartikel aufnehmen kann. Die noch kürzere Version lautet: Sie putzen einfach genial gut. (Wer noch nach einer Marktlücke sucht: Die Dinger dürfte es gern auch in etwas schickeren Farben geben.)

Vorsicht jedoch: Für empfindliche Flächen wie Kunststoff-Brillengläser gibt es spezielle Ausführungen, die Mikrokratzer vermeiden. Und immer darauf achten, dass sich nicht vom letzten Putzdurchgang eventuell noch irgendetwas Hartes wie ein kleines Steinchen auf dem Tuch befindet. Das könnte auch robustere Materialien zerkratzen.

✧ Für Notfalleinsätze deponierst du in jedem Raum, in dem mit Flüssigkeiten hantiert wird, ein Tuch, um beispielsweise bei umgekipptem Kaffee sofort eingreifen zu können.

Warum Mikrofasertücher doch nicht schlecht für die Umwelt sind

Wenn beim Stichwort »Mikrofasern« die Alarmglocken bei dir läuten: Ja, auch Mikrofasertücher geben beim Waschen Mikroplastik ab, das schlussendlich in den Gewässern landet, was dringend vermieden werden sollte. Aber: Im Vergleich zu anderen Mikroplastikquellen wie etwa dem Abrieb von Autoreifen oder Verwehungen von Sportplätzen mit Kunststoffbelag liegen die Anteile der Textilfasern laut einer Studie des Fraunhofer-Instituts für Umwelt-, Sicherheits- und Energietechnik auf den hinteren Plätzen. Und dank der Tatsache, dass Mikrofasertücher auch ohne (chemische) Putzmittel gut reinigen, machen sie diese Emissionen wieder wett. Genug jedenfalls, um von der Wiener Umweltberatung empfohlen zu werden.

Im Drogeriemarkt kannst du auch gleich Geschirrschwämme (mit grober und sanfter Seite), einen Neutralseifenreiniger, Scheuermilch und Zitronensäure sowie Haarsiebe für Abflüsse mitnehmen. Davon kommt eines in die Küchenspüle, um die Kanalisation vor Speiseresten zu bewahren, und eines im Bad über jenen Abfluss, in dem üblicherweise die meisten (längeren) Haare landen. Wenn du diese Metallsiebe zu öde findest, kannst du auch stylishere im Versandhandel bestellen.

Brauchst du ein Staubtuch oder einen Staubwedel? Wenn, dann eher ein Staubtuch, die halten den Schmutz besser, die meisten Wedel verteilen ihn nur gerecht im Raum. Ein gutes Staubtuch kostet in der Regel weniger als fünf Euro und hält sehr lange. Aber beginne erst einmal mit den Mikrofasertüchern und warte ab, ob sie für deine Ansprüche nicht ohnehin genügen. Aufstocken kannst du dann immer noch.

Manche Drogeriemärkte, auf jeden Fall aber Baumärkte bieten außerdem Bodenwischer unterschiedlicher Systeme an. Bei einigen ist gleich ein Eimer fürs Putzwasser dabei, oft sogar noch mit einer Vorrichtung, in der man den Wischmopp bequem und ohne Bücken auswringen können soll. Damit macht man sich vielleicht die Hände weniger schmutzig, allerdings bekommt man den Mopp selten gut genug ausgewrungen, um damit auch Holzböden wischen zu können. Die sollen nämlich maximal »nebelfeucht« gewischt werden, weil Holz + Wasser = aufgequollene Stellen. (Mehr zur richtigen Wischtechnik im Kapitel »Das Wohnzimmer«.) Vielleicht also doch lieber auf den Eimer verzichten und stattdessen gleich zwei Ersatzbespannungen für den Mopp kaufen, die man nach jedem Einsatz einfach reihum in die Waschmaschine wirft.

Vor allem: das bisschen Bücken? Im Fitnessstudio nennt man's Kniebeugen und verlangt Geld dafür. Putzen macht, wie gesagt, auch fit. Das haben Alia J. Crum and Ellen J. Langer, zwei Psychologinnen an der Harvard University, 2007 gezeigt, als sie 84 Raumpflegerinnen aus sieben Hotels für eine Studie rekrutierten. 44 von ihnen erzählten die Psychologinnen, dass Putzen von Gesundheitsexpertinnen und -experten als aktiver Lebensstil, ja, geradezu als Work-out und somit gesundheitsfördernd angesehen werde. Zusätzlich bekamen die Frauen eine Liste, wie viele Kalorien sie bei welcher Tätigkeit verbrennen würden (15 Minuten staubsaugen: 50 Kalorien; 15 Minuten Badezimmer putzen: 60 Kalorien). Der anderen Gruppe wurde nichts dergleichen gesagt. Beiden Gruppen boten Crum und Langer dann an, sie bezüglich weiterer Gesundheitstipps zu beraten, wozu sich die Probandinnen nur untersuchen lassen mussten.

Diese Untersuchung wurde vier Wochen später erneut durchgeführt, wobei sich herausstellte, dass die sogenannte »informierte Gruppe« im Durchschnitt zwei Pfund (darunter Körperfett) verloren, einen niedrigeren Blutdruck und allgemein bessere gesundheitliche Werte hatte, obwohl keine der Frauen plötzlich angefangen hatte, außerhalb der Arbeit mehr Sport zu betreiben. Vor allem: Die uninformierte Kontrollgruppe hatte dieselben Werte wie vorher.

In Wirklichkeit wollten Crum und Langer mit ihrem Trick herausfinden, ob es eine Art psychologischen Placeboeffekt gibt. Nebenbei haben sie jedoch herausgefunden, dass Putzen Sport ist – und im Kopf beginnt.

3 ✧ Ein Psychotest zum Aufwärmen: Welcher Putztyp bist du?

Wie dringend notwendig ist es, dass du dieses Buch durcharbeitest, und wie wahrscheinlich, dass du dabei viele neue Dinge lernst? Dieser Test kann dir darüber Aufschluss geben – und vielleicht auch gleich erklären, wieso bei euch so oft übers Putzen gestritten wird.

1. Wie oft am Tag hörst du: »Kannst du bitte etwas weniger Dreck machen?«

A: Das war der erste Satz, den unser Baby sagen
konnte.   1 Punkt
B: Ich höre nicht, ich sage.   5 Punkte
C: Nur, wenn ich bei meiner Mutter zu Besuch bin.   3 Punkte

2. Weißt du, in welches Fach bei eurer Waschmaschine das Waschmittel gehört?

A: Was ist das hier, der Putz-Kindergarten?   5 Punkte
B: Yep, hab mir extra eine Markierung dran-
gemacht!   3 Punkte
C: Wir haben gar keine Waschma... Oh, ich höre
gerade, wir haben eine! Geil!   1 Punkt

3. Kannst du auf Anhieb sagen, wo sich der Staubsauger befindet?

A: Staubsauger? Ich suche immer noch nach einem
   Bleistift für diesen Test!   1 Punkt

B: Nicht nur das, ich kann auch mit verbundenen
   Augen den Staubsack wechseln!   5 Punkte

C: Ich kann zumindest sagen, wo er nach dem
   Gebrauch wieder hingestellt werden sollte.   3 Punkte

4. Weißt du, wo du einen Ersatz-Staubsack für den Staubsauger findest und wie man ihn einlegt?

A: Ich kann sogar spontan neue kaufen, weil ich
   die Modellnummer auswendig weiß!   5 Punkte

B: Ich weiß, wo sie liegen – und dass wir neue
   brauchen.   3 Punkte

C: Ersatz-Staubsäcke! Was kommt als Nächstes?
   Dass man jedes Jahr eine neue Zahnbürste
   braucht?   1 Punkt

5. Der Putzlappen in deiner Küche wurde ausgetauscht vor …

A: … weniger als 3 Tagen.   5 Punkte

B: … weniger als 7 Tagen.   3 Punkte

C: Welcher Putzlappen?   1 Punkt

6. Wie viele Minuten verbringst du jeden Tag mit der Suche nach irgendetwas (egal, ob nach der Butter im Kühlschrank oder der EC-Karte)?

A: 10 Sekunden   5 Punkte

B: 5 Minuten   3 Punkte

C: Habe leider immer noch keinen Bleistift
   gefunden.   1 Punkt

7. Wann hast du das letzte Mal zwischen deinen Sofakissen gesaugt?

A: Ist weniger als einen Monat her.   5 Punkte

B: Ich habe kein Sofa.   3 Punkte

C: Muss ich meine Mutter fragen, wenn sie das
   nächste Mal zu mir putzen kommt.   1 Punkt

8. Wie oft im Jahr musst du Seifenreiniger nachkaufen?

A: 1- bis 2-mal   3 Punkte

B: Monatlich   5 Punkte

C: Gilt Autoshampoo auch?   1 Punkt

9. Wie oft im Jahr geht dir das WC-Papier aus?

A: Seit der letzten Pandemie reicht mein Vorrat noch
   für drei Jahre.   3 Punkte

B: Mein Nachbar hat schon automatisch eine Rolle
   in der Hand, wenn ich bei ihm klingle.   1 Punkt

C: Nie.   5 Punkte

10. Wie viele Programme hat deine Waschmaschine?

A: Leider nur 20.   5 Punkte

B: Mehr als genug, eigentlich brauche ich nur drei
   davon.   3 Punkte

C: Inklusive Privatsender oder ohne?   1 Punkt

34–50 Punkte:

Du brauchst dieses Buch nicht, aber jede/r, der/die mit dir in friedlicher Koexistenz zusammenleben will. Putzen ist fast schon dein Hobby und du machst es auch gern. Aber ungefähr alle drei Monate stauchst du deine Familie dann doch zusammen, weil sie dich alle Putzarbeit erledigen lässt. Nur: Überlässt sie dir wirklich alle Arbeit? Oder reißt du sie an dich? Vielleicht brauchst du dieses Buch ja doch – schon allein, um ein paar Aufgaben an die anderen zu delegieren.

16–33 Punkte:

Cool, du gehörst zu den sauberkeitstechnisch entspannten Menschen. Du zeigst eine gesunde Toleranzschwelle gegenüber Schmutz und verfällst nicht in Schnappatmung, wenn die Petersilie doch einmal auf den Küchenboden gerieselt ist. Mit dir wohnt man gern zusammen!

10–15 Punkte:

Du bist leider schmutzblind. Pandemien sind dein Freund, weil dich dann ohnehin niemand besuchen darf. Sie sind aber bald auch dein einziger Freund, weil sich sonst niemand mehr zu dir in die Wohnung wagt. Du magst Putzen ja als spießig empfinden, aber deine Umgebung empfindet dich dafür als eklig.

4 Die Schwerkraft oder: Der Kampf gegen die Naturgewalt

Sie ist der Feind, den du besiegen musst. An der Schwerkraft hängt, durch die Schwerkraft drängt alles … nach unten. Sie ist schuld, dass alles, was tropfen kann, tropft. Und sie ist es, die Staub auf alle auch nur annähernd waagrechten Flächen niedersinken lässt. Wobei sie unter »annähernd waagrecht« alles versteht, das nicht zu 100 Prozent senkrecht ist. Und dünn wie eine Rasierklinge.

Die Schwerkraft schafft es sogar, dass sich Staub auf Sesselleisten, Steckdosen und Lichtschaltern (Lichtschaltern!) sammelt und an Raufasertapete hängen bleibt! Saugnapfhaken in Industriestärke halten selbst an den glattesten Flächen maximal fünf Minuten – aber Staub findet überall ein Molekülchen, an dem er sich festklammern kann. Wische gern einmal mit dem Finger über jene Produktflaschen in deinem Badezimmer, die du eher selten verwendest. Überzeugt?

Alles tendiert also nach unten. Die schmutzige Gabel, die beim Abservieren vom Teller rutscht, ebenso wie der Teetropfen, der nach dem Eingießen an der Tülle hängen bleibt und in aaaaller Seelenruhe an ihr nach unten rinnt, bis er entweder auf den Boden tropft oder einen wunderbaren Teerand auf dem schönen neuen Couchtisch hinterlässt.

Schwarzteeflecken sind übrigens die Pest und lassen sich nur mit Chemie, Stemmeisen oder kleinen Atombomben entfernen, das nur so zwischendurch.

Die Schwerkraft zieht auch Wasser in zu feuchten Stoffteilen nach unten. Wenn du ein T-Shirt oder einen Wischlappen aufhängst, die du lediglich nach Leibeskräften ausgewrungen hast, schau zehn Minuten später noch einmal vorbei: Es wird sich darunter bereits ein kleines Pfützchen gebildet haben.

Beim Putzen musst du also die Schwerkraft channeln, du musst sozusagen denken wie eine Taube, für die von oben gesehen alles, wo sie draufscheißen könnte, gedanklich mit einem Fadenkreuz markiert ist. Wo die Schwerkraft einen Quadratmillimeter Fläche erkennt, wird sie Staub drauf absinken lassen.

Schwerkraft und Staub sind überhaupt das perfekte Duo, quasi *Modern Talking* des Drecks. Leise und unsichtbar holt die Schwerkraft winzig kleine Fusselchen aus der Luft und setzt sie sanft, aber flächendeckend ab. Wische einmal mit der flachen Hand über ein Stück glatten Boden, den du erst am Vortag gesaugt hast, du wirst staunen! Besonders anfällig sind Räume, in denen viel mit Textilien hantiert wird, also vor allem das Schlafzimmer (Bettwäsche, Kleidung) und das Badezimmer (Handtücher). Eine fatale Kombination sind dementsprechend dunkelgraue Handtücher in einem weiß gefliesten Bad. Fotos gern jederzeit auf Anfrage.

Wer sich einen Staubsaugerroboter hält, kann das bestätigen: Sogar wenn er nur jeden zweiten Tag durch die Wohnung fährt, kommt er am Schluss immer mit reichlich Beute zurück. Er macht nämlich sozusagen das Gegenteil von dem, was man sich früher in Skigebieten als Witz erzählt hat:

»*Bei uns liegen zehn Zentimeter Schnee!*«

»*Wirklich?*«

»*Ja, aber nebeneinander . . .*«

Auf glatte Flächen legt sich der Staub nämlich so unauffällig verteilt, dass du ihn mit bloßem Auge nicht siehst. *Staub-*

saugen? Hier? Wozu, ist doch sauber! Unternimmst du jedoch nicht frühzeitig etwas gegen ihn, rottet er sich ganz langsam und hinterfotzig zusammen, bis dich plötzlich, von einer Minute auf die andere, eine ausgewachsene Wollmaus aus der Ecke angrinst. Sobald du die siehst, kannst du drauf wetten, dass in allen anderen Ecken bereits ihre Jungen lauern.

Der Kampf gegen den Staub ist nämlich, so viel Ehrlichkeit muss sein, wirklich eine Sisyphus-Arbeit. Bist du hinten in der Wohnung fertig, kannst du vorne wieder beginnen. Ein Staubsaugerroboter hilft dabei. Im Kapitel »Das Schlafzimmer« erörtern wir genauer, warum.

Wenn das ohnehin eine Sisyphus-Arbeit ist, wozu es dann nicht einfach bleiben lassen, denkst du jetzt? Dann wollen wir uns kurz einmal ansehen, woraus der Gemeine Hausstaub so alles besteht:

X Hautschuppen
X tote und lebende Hausstaubmilben und deren Kot
X lebende und tote Bakterien, Viren, Schimmelpilze, Rädertierchen
X Teile von Lebewesen wie Weberknechten, Silberfischchen oder Staubläusen; und unter »Teilen« verstehen wir hier durchaus auch wieder deren Leichen oder Kot
X Spinnweben der Zitterspinne und Reste ihrer Beutetiere
X Haare
X Textilfasern
X Straßenschmutz
X Ruß aus Reifenabrieb der Kraftfahrzeuge, Dieselabgasen, Heizungsabgasen und von Waldbränden[1]

---

1 https://de.wikipedia.org/wiki/Hausstaub

Yummy, oder? Das alles liegt also in deiner Wohnung herum und schwebt, wenn du es im Vorbeigehen aufwirbelst, auch lange genug durch die Luft, dass du es einatmest. Wenn du nach dem Wechseln der Bettwäsche ein paarmal kräftig niesen musst, dann hast du dir wieder ein Näschen Milbenkot reingezogen.

Noch Fragen zum Thema »Warum putzen«?

Das mit dem Dreck wäre ja kein so großes Problem, würde er dort bleiben, wo er entsteht. Doch Dreck ist kontakt- und reisefreudig. Einmal an deinem Fuß, begleitet er dich mit großer Anhänglichkeit durch die ganze Wohnung wie ein Golden Retriever. Und genau wie der springt auch Dreck gern freudig den Nächstbesten an, der ihm entgegenkommt. So landet dann beispielsweise das Haarbüschel aus dem Bad im Arbeitszimmer. Und Petersilie im Bett. Wahre Geschichte.

Wir sehen also: Es lohnt sich, immer sofort einzugreifen. Der kleine Klecks Tomatensoße auf dem Küchenboden mag harmlos aussehen, bist du aber erst einmal mit dem Fuß hineingetreten, sieht bald die ganze Wohnung aus, als hättest du versucht, eine Leiche zu entsorgen.

5 Das Wohnzimmer oder: Wischen is possible

Putzen besteht zu 40 Prozent aus Staubsaugen, zu 40 Prozent aus Wischen, zu 20 Prozent aus Schrubben und zu 30 Prozent aus Eigenlob. Nur rechnen muss man nicht können.

Es gibt allerdings (nicht nur) eine unbequeme Wahrheit: Dreck verschwindet nicht einfach, indem man über ihn drüberwischt. Er löst sich nicht in Luft auf, allerdings manchmal in Wasser. So richtig weg ist er dann aber trotzdem noch nicht. It's complicated.

Beginnen wir also mit einer leichten Übung: dem Wohnzimmer. Hier lernen wir gleich richtiges Staubsaugen, beziehungsweise wie man glatte Flächen effektiv reinigt. Rein-raus in 30 Minuten maximal, inklusive Mails checken zwischendurch. Cliffhanger: Zwei gute Nachrichten kommen ganz am Schluss dieses Kapitels.

Die Vorgehensweise, die wir von hier an bei jedem Zimmer anwenden und die du, weil du im vorigen Kapitel gut aufgepasst hast, schon selbst erraten kannst, lautet: Wir putzen jeden Raum entlang der Schwerkraft, also von oben nach unten. Denn das 1. Naturgesetz des Putzens lautet: Alles, was runterfallen kann, wird runterfallen.

Dein neues Mantra lautet: Was weg ist, ist weg. All das, was also durch Saugen schon einmal eliminiert werden konnte, muss im Nachgang nicht mehr weggewischt werden. Der Staubsauger ist von heute an dein neuer bester Freund. Sei lieb zu ihm, und er wird dir das Leben erleichtern!

Staubsaugen ist eine meditative Tätigkeit mit eingebautem Achtsamkeitstraining und ungeahntem Zusatznutzen. Meditativ: Du musst dir dabei wirklich nicht den Kopf zerbrechen. Quasi »Dumm fegt gut«.

Achtsam: Du lernst, deinen Blick zu öffnen – damit du auch das Bröselchen einen Meter weiter links siehst und das Staubfädchen rechts unter dem Tisch, ganz zu schweigen von der dünnen Staubschicht oben auf dem Fernseher. Keine Angst, das lernst du ganz schnell, und bald wirst du diesen Panoramablick gar nicht mehr extra aktivieren müssen. Das Beste: Er wird dir in vielen anderen Lebenslagen zugutekommen!

Zusatznutzen: Manche singen nebenher (weil sie ohnehin niemand hört), manche sagen währenddessen ihren Kollegen und -innen einmal so richtig die Meinung (weil sie ohnehin niemand hört). Über das eingebaute Work-out haben wir ja schon gesprochen, hier kommt allerdings noch ein kleines Psychotraining dazu (siehe weiter unten in diesem Kapitel »Ding 3«). Und wenn du hin und wieder die Führungshand wechselst, trainierst du beim Staubsaugen sogar gleichzeitig noch dein Gehirn.

Putzen als Gehirntraining

Kein Scherz: Im Alltag bewusst Gewohnheiten zu durchbrechen, hält das Hirn fit. Das beginnt bei Kleinigkeiten, wie etwa mit der »falschen« Hand zu schreiben oder während des Zähneputzens auf einem Bein zu stehen, und endet noch lange nicht dabei, auf dem Weg zur Arbeit öfter mal eine andere, unbekannte Route zu nehmen. Alles, was das Gehirn vor eine neue Aufgabe stellt, macht es fitter. Das könnte – wenn wir kurz fies sein wollen – bei Ungeübten schon das Putzen allein sein. Aber bei Routinierteren eben auch, beim Staubsaugen oder Staubwischen die Hand zu wechseln. Hilft übrigens auch, um die Muskeln gleichmäßiger zu beanspruchen.

Als ob das alles nicht ohnehin schon genug wäre, ist Staubsaugen auch noch eine zutiefst befriedigende Tätigkeit. Lerne das Geräusch eines Mini-Kieselsteinchens lieben, das leise klackernd durch das Staubsaugerrohr im Beutel verschwindet und dir auf diese Weise nie wieder deinen wertvollen Boden zerkratzen kann. So schön!

Wenn es dein erstes Mal mit deinem Staubsauger ist, schau ihn dir vorher genau an. Bei vielen Modellen kann man die Saugkraft variieren, die guten bringen zusätzliche Aufsätze für besondere Anforderungen mit, etwa fürs Absaugen der Polstermöbel oder um in schmale Zwischenräume zu kommen. Diese Aufsätze sind oft im Bauch des Staubsaugers verborgen, dessen Klappe du gegebenenfalls sehr viel leichter öffnen kannst, wenn das Gerät läuft. (Auch wenn in der Gebrauchsanweisung sicher steht, dass man genau das nicht tun soll.)

Gute Modelle haben Teleskop-Saugrohre, sodass du sie

auf deine Körpergröße einstellen kannst. Denn nichts ist mühsamer, als gebückt staubzusaugen. Für gezielte Einsätze nimmst du die Bodenbürste ab. Auf diese Weise kannst du auch Spinnweben in Zimmerecken – wir putzen ja von oben nach unten – wegsaugen, falls sie nicht zu hoch hängen. (Falls sie zu hoch hängen, blätterst du zum Kapitel »Der Putzplan« und erfährst dort, wie du trotzdem an sie rankommst.)

Um die Spinnweben musst du dich allerdings nur alle paar Monate kümmern, deshalb beginnst du beim regelmäßigen Alltagsstaubsaugen mit dem Aufsatz für Polstermöbel. Das ist das Ding, das aussieht wie die Schnauze eines Hammerhais. Damit saugst du nicht nur schön systematisch Sofa und Sessel ab, sondern auch alle glatten Flächen, die kein Boden sind. Also Fensterbänke, die Oberseite der HiFi-Boxen, auch gleich am Fernseher vorbei – du wirst den Dreh schnell raus haben. Immer dran denken: Was weg ist, ist weg.

Mit diesem oder dem ganz schmalen Aufsatz kommst du auch in die Ritzen der Polstermöbel, wobei du vorher checken solltest, ob sich dort nicht Ohrringe, Münzen, ein alter Cheeseburger oder der Safeschlüssel, den du seit zwei Jahren suchst, verstecken. Denn noch immer gilt: Was weg ist, ist weg und lässt sich nur unter Mühen und vor allem Husten aus einem vollen Staubsaugerbeutel wieder herauftauchen.

Bei diesem ersten Saug-Durchgang siehst du auch gleich, wo der Staubsauger kapitulieren musste und du nachher noch einmal mit einem Staub- oder feuchten Mikrofasertuch drübergehen musst. Manchmal klebt Dreck eben, beispielsweise, weil in dem Staub in deiner Wohnung auch deine eigenen fettigen Hautschüppchen stecken. Oder die von jemand Fremdem. Womit du jetzt genug Motivation haben solltest, dein Wohnzimmer fertig zu putzen.

Du rüstest den Staubsauger also auf den Bodenaufsatz um und saugst, erraten, den Boden. Wahrscheinlich hat dieser Aufsatz Borsten, die du mit einem Hebel ausfahren oder wegklappen kannst. Glatte Böden saugst du auf jeden Fall mit ausgefahrenen Borsten, sonst könnten Kratzer entstehen. Teppichböden werden zwar laut Vorschrift mit weggeklappten Borsten gesaugt, die Erfahrung zeigt allerdings, dass du mehr Schmutz aus den Fasern herausbürsten kannst, wenn du auch hier die Borsten ausgefahren lässt. Ist dann ein bisschen anstrengender, aber du machst ja ohnehin gerade Sport.

Beim Bodensaugen sind drei sehr hinterhältige Dinge zu beachten:

Ding 1. Manche Staubsaugerbürsten schieben bereits leicht größere Teilchen (wie Nusskrümel oder Straßensteinchen) nur vor sich her, anstatt sie gleich zu verschlucken. Man muss die Bürste dann immer wieder leicht kippen, damit alles weggesaugt wird. Den Dreh hast du aber sicher nach 20 Sekunden heraus.

Ding 2. Es ist völlig normal, dass genau an der Stelle, über die du gerade gesaugt hast, drei Millisekunden später etwas liegt, das vorher nicht da war. Hierbei handelt es sich um ein bislang unerklärtes Phänomen der modernen Technikgeschichte. Den Satz »Hier habe ich doch gerade gesaugt!« hören Staubsauger am häufigsten. Vermutlich kichern sie dann leise in sich hinein, was man nur aufgrund des Lärms nicht hört.

Was wir daraus lernen: Du hast (vermutlich) nichts falsch gemacht. Und: Gern an manchen Stellen einfach mehrfach saugen und vor allem den Staubsauger nicht ausschalten, bevor er nicht wieder an seinem Platz steht. Und zwar wegen:

Ding 3. Sobald du den Staubsauger endgültig weggeräumt und das Kabel eingerollt hast, stechen dir mindestens drei Schmutzteile ins Auge, die du übersehen hast. Auch bekannt unter: 2. Naturgesetz des Putzens. Das ist dann die Übung in Gleichmut, Toleranz und Selbstkontrolle: Lässt du das liegen oder hebst du die drei Krümel mit der Hand auf?

Sei großzügig! Wo du den Staubsauger nun schon in Aktion hast, kannst du doch glatt überlegen, ob du nicht auch noch schnell ein weiteres Zimmer saugst. Eventuell eines, das du erreichen kannst, ohne auf eine andere Steckdose zu wechseln? 2 Zimmer zum Preis von 1 Aufwand! Überlege dir vielleicht auch einmal, welches die am besten gelegenen Steckdosen sind, um mit möglichst wenig Umstecken möglichst viel Fläche zu machen. Eine gute Taktik ist nämlich nicht nur beim Fußball essenziell. Ab dem dritten Mal gehört das Staubsaugen dann übrigens schon zu den Standardsituationen und erfordert viel weniger Denk- und Planungsaufwand.

Ob du vor dem Staubsaugen die Möbel verschiebst oder etwa die Stühle hochstellst, damit du überall saugen kannst, ist dir überlassen. 50 Euro, dass du es eher nicht tun wirst, vor allem, weil du sehr schnell den Dreh raushaben wirst, wie du mit der einen Hand den Stuhl wegziehst, um mit der anderen unter dem Esstisch zu saugen.

Schritt 2: Wischen

Die richtige Technik beim Wischen kann mit der eines guten Cowboys verglichen werden: Er muss seine Rinder zusammentreiben, beisammenhalten und durch das enge Gatter auf die neue Weide kriegen. Das heißt: Immer alle mitnehmen, Ausreißer einfangen, einmal linksherum reiten, einmal rechtsherum, yeehaw!

Der geübte Wischer und die routinierte Wischerin machen nichts anderes. Sie umzingeln den Dreck, fangen ihn ein, achten darauf, dass kein Stäubchen entkommt, und drängen dann alles an einer Stelle zusammen: dort, wo der Schmutz letztendlich aufgenommen und in weiterer Folge entsorgt wird.

Hat man beispielsweise den Salzstreuer auf dem Esstisch umgeschmissen, entfernt zielloses Hin-und-her-Wischen im Zickzackmuster zwar das Salz vom Esstisch, dafür knirscht's nachher ordentlich auf dem Boden. Stattdessen wird das Salz also in ebenso halbkreis- wie schlangenförmigen Bewegungen zusammengetrieben, bis man alles auf einem Fleck zusammengesammelt hat. Profis wischen es dann vom Tisch in die daruntergehaltene Hand, die das Salz zum nächsten Mülleimer befördert. Vorsicht! Am Lappen haftet auch noch einiges! Der wird ebenso vorsichtig zum Müll getragen und dort ausgeschüttelt oder unterm Wasserhahn ausgewaschen.

Überall dort, wo du beim Saugen gesehen hast, dass nicht alles weggegangen ist, gehst du jetzt mit einem Tuch drüber. Am besten mit einem feuchten und sehr gut ausgedrückten Mikrofasertuch. Damit bekommst du auch alles weg, das sich ein bisschen festgesetzt hat: hier einen getrockneten Tropfen Tee, dort die Hinterlassenschaft einer Fliege.

Stimmt, eigentlich nennt man das Staubwischen und macht es mit einem trockenen Staubtuch. Du kannst beides ausprobieren und dann das Resultat vergleichen. Auf den HiFi-Boxen, dem Fernsehapparat und anderen glatten Flächen liegt vermutlich wirklich nur Staub, der auch mit dem trockenen Tuch restlos weggewischt werden kann. Aber gleich nebenan auf den Fensterbänken kann von draußen ein bisschen fieserer Staub hereingekommen sein, vor dem das Staubtuch kapitulieren muss. Dann musst du dort ohnehin noch einmal mit dem feuchten Tuch ran. Sei neugierig, finde es heraus! Und wähle dann einfach die Methode, die dir am angenehmsten ist. Egal wie, Hauptsache, du bekommst den Dreck weg.

Diese elegante Schlangen-Technik wird bei jeder Art des Wischens angewendet, also auch beim Boden, dem du dich widmest, sobald alle höher gelegenen Flächen glänzen. Hier treibst du den Dreck sozusagen mit dem Wischmopp zusammen, nimmst immer wieder von links und rechts etwas dazu, wischst extra an Kanten, Sesselleisten und anderen Verstecken entlang, wo der Schmutz Zuflucht gesucht haben könnte, und hast schlussendlich alles an einer Stelle konzentriert. Spüre die seitlichen Bauchmuskeln, die du dabei aktivierst! Wie viel Geld gibst du gleich noch für dein Fitnessstudio aus?

Bevor du loslegst, überlege jedoch noch mal, ob du nicht ein paar Möbel ortsveränderst, beispielsweise alle leichteren in die linke Hälfte des Raumes räumst, um den Fußboden der rechten Hälfte zu reinigen. Im Gegensatz zum Staubsaugen kann man nämlich nicht einhändig wischen. Dabei solltest du jedoch beachten, dass der Boden immer erst fertig getrocknet sein sollte, bevor du etwas daraufstellst, sonst gibt's Abdrücke.

Du kannst natürlich auch alles dort stehen lassen, wo es ist und drum herum wischen. Geh aber an alle Möbel so nah wie möglich ran, sonst hast du nach einiger Zeit eine Art Heiligenschein um jedes Tischbein.

An dieser Stelle kommen wir zurück zu dem Problem, dass Dreck nicht einfach durch Wischen verschwindet. Er verändert nur seinen Aufenthaltsort: von Tisch oder Fensterbank in den Lappen oder vom Boden in deinen Mopp. Der vorletzte Akt beim Wischen ist also immer, den ordentlich auf einem Fleck zusammengetriebenen Schmutz auch wirklich zu entsorgen. Wenn du das nicht machst, endest du in den meisten Fällen mit einer schönen schwarzen Linie auf dem Boden, die aus dem zusammengewischten Staub sowie diversen Kleinteilen besteht, die du auf dem Weg mit eingefangen hast.

Warst du mit dem Mopp unterwegs, machst du jetzt, was wir beim umgekippten Salzstreuer schon gelernt haben: Du holst dir einen Lappen, mit dem du die gesammelten Dreckwerke aufnimmst. Den Lappen schüttelst du dann erst über dem Mülleimer vorsichtig aus (Was weg ist, ist weg) und spülst ihn danach ebenso wie den Mopp kurz aus, bevor du beides gleich zur Waschmaschine legst oder an eine andere Stelle, wo sie trocknen können (sonst gibt's Schimmel), dir nicht im Weg sind, aber doch so leicht erreichbar liegen, dass du sie bei der nächsten Wäsche nicht vergisst.

Moment, wozu erst ausspülen und dann noch einmal in der Maschine waschen? Gute Frage. Schau dir einfach an, was sich alles in dem Lappen oder im Mopp befindet. Garantiert einiges an Staub, schön feucht und zusammengepappt, höchstwahrscheinlich diverse Haare, mit großer Wahrscheinlichkeit auch ein paar kleinere Festkörper, die der Staubsauger davor übersehen hat. Würdest du den Lappen jetzt einfach so zur Waschmaschine tragen, würdest du 1. die Hälfte des mühsam[2]) zusammengesammelten Schmutzes gleich wieder in der Wohnung verteilen, 2. würde der Schmutz am Lappen schön festtrocknen und dann nicht mehr so leicht rausgehen, und 3. hättest du den Dreck samt Haaren und Festkörpern dann in der Waschmaschine. Schöne Grüße an dieser Stelle ans Flusensieb!

Ergo: Lappen immer erst auswaschen, idealerweise über einem Abfluss mit Haarsieb.

Was wischen wir wie und womit?

Womit, ist einfach: Wasser. Danke für deine Aufmerksamkeit.

Du *kannst* natürlich ins Wasser einen Spritzer Seifenreiniger geben, einige Expertinnen empfehlen für Laminat zusätzlich einen Spritzer Essig (der billigste weiße genügt), weil's dann angeblich noch weniger Streifen gibt. Aber bevor du jetzt lang herumsuchst und erst einmal einkaufen gehen musst, weil du Kapitel 3 zu ungenau gelesen und deshalb noch keinen Seifenreiniger im Haus hast, kann ich dir verraten: Wasser in Tateinheit mit unserem geliebten Mikrofaser-Wischer bringt's genauso. Und wenn du unbedingt Duft haben willst, stellst du nachher eine Duftkerze auf.

Ein weiterer Vorteil von nur Wasser ist: Du musst nicht erst einen Eimer holen, in dem du deine Reinigungslösung anmischst. Stattdessen spülst du deinen Wischer immer dann, wenn er zu trocken oder zu dreckig geworden ist,

---

2 War ein Scherz. So mühsam war's doch eigentlich gar nicht, oder?

im nächsten Waschbecken (mit Haarsieb!) aus. Ja, das erfordert ein bisschen Hin-und-her-Gehen, aber erstens empfiehlt die Weltgesundheitsorganisation ja ohnehin mindestens 10 000 Schritte pro Tag, zweitens wohnst du mit ziemlicher Sicherheit nicht in Versailles und drittens machst du auf diese Weise immer mit einem ziemlich sauberen Mopp weiter. Wohingegen dein Wischwasser im Eimerchen immer schmutziger würde und du am Ende des Zimmers oder der Wohnung vermutlich schon mehr Dreck auf- als abtragen würdest.

Und es ist so viel einfacher! Spontane Eingebung, das Wohnzimmer zu wischen – Mopp unters fließende Wasser halten – ausdrücken – loswischen. Bis du den Eimer gefüllt und den Seifenreiniger gefunden hast, ist die schöne spontane Eingebung längst verpufft.

Wasser braucht keine Hilfe, um wasserlösliche Flecken wegzubekommen. Und darunter fallen grob geschätzt 80 Prozent aller Schmutzstellen in einem herkömmlichen Haushalt. Gemeinsam mit den Mikrofasern schafft Wasser sogar den hauchdünnen Fettfilm, der sich beim Kochen auf die Küchenfliesen legt. Dafür wäschst du deinen Mopp oder dein Tuch am besten mit heißem Wasser aus, weil sich das Fett dann ein bisschen besser löst.

Zu den einfachsten, aber wichtigsten Merksätzen beim Putzen gehört: In feuchtem Zustand lässt sich Dreck meistens leichter entfernen. Wenn dir beispielsweise etwas auf den Boden getropft ist, wisch es sofort mit einem Lappen weg, bevor es sich's dort schön gemütlich machen kann.

Eingetrocknete Flecken, die du nicht sofort eliminieren konntest, bekommen beim Wischen einfach ein bisschen Bedenkzeit oder eine zweite Chance. Denn wir haben ja schon gelernt, dass Putzmittel = Wasser x Zeit, also wischst du dort entweder ein bisschen öfter drüber oder legst genau an dieser Stelle eine kurze Pause ein. Dreimal tief durchatmen (du machst schließlich gerade Sport), und der Fleck ist weg.

Wenn er auch nach dem vierten Atemzug noch da ist, hast du gerade die Stelle gefunden, an der letzte Weihnachten das Kerzenwachs auf den Boden getropft ist. Aber auch hier hilft dir kein Putzmittel, sondern dein Fingernagel.

Wir einigen uns also auf Wasser als Reinigungsmittel, und dabei gibt es eine wichtige Sache zu beachten. Holzböden, und dazu zählen wir auch Laminat, dürfen nur nebelfeucht gewischt werden. Holz quillt in Anwesenheit von zu viel Feuchtigkeit auf – vielleicht noch nicht beim ersten Wischen, aber mit jedem zu feuchten Lappen tust du ihm nach und nach nichts Gutes.

Das heißt, dass wir nicht wirklich nass wischen, sondern Lappen oder Mopp vorher möglichst gut auswringen. Das machen wir mit Mikrofasertüchern übrigens immer, wenn die Fläche danach gut und fleckenfrei trocknen soll.

Fliesenböden können etwas feuchter gewischt werden, aber Obacht: Wischst du sie zu feucht, bleiben kleine Wassertropfen übrig, die nicht schnell genug auftrocknen, sodass sie als Schar winziger Wasserfleckchen zurückbleiben. Und die sieht man leider.

Die versprochenen guten Nachrichten

Du musst die Polstermöbel nicht jedes Mal absaugen. Meistens reicht es, ein- bis zweimal pro Woche den Boden zu saugen, und du kannst wieder ruhig schlafen. Gleiches gilt fürs Wischen. Die meisten Böden musst du nur in doppelt so langen Abständen wischen wie saugen. Du wirst schnell ein Gefühl dafür bekommen, wann es wieder notwendig ist, denn du gehst ja jetzt mit offeneren Augen durch deine Wohnung.

 Die Qualitätskontrolle

An dieser Stelle wollen wir zum ersten Mal eine der entscheidenden semantischen Fragen des Putzens erörtern. Nämlich den gravierenden, nahezu weltbewegenden Unterschied zwischen den Sätzen »Ich habe geputzt« und »Es ist sauber«. Aus Ersterem folgt nämlich keineswegs automatisch Zweiteres. Weshalb jeder Putz-Akt erst dann endgültig abgeschlossen ist, wenn du danach gecheckt hast, ob das Einsatzgebiet tatsächlich sauber oder wenigstens sauberer ist als vor deinem Einsatz.

Dafür schaust du einfach noch einmal genau hin. Irgendwo den Staub nur zusammengeschoben, aber nicht wirklich weggewischt? Irgendwo noch aufgetrocknete Wassertropfen, weil der Lappen doch zu feucht war? Ein besonders guter Trick ist, sich die Fläche gegen das Licht anzusehen. Vor allem glatte Böden verraten dann sehr schnell mögliche Fleckenreste.

Wieso du hier putzen solltest

Das Wohnzimmer ist nicht nur der Raum, in dem du den Großteil deiner Wachzeit verbringst, sondern in der Regel auch der, in dem du Besuch empfängst. Weder du möchtest das Schoko-Osterei, das dir unters Sofa gerollt ist, dort mitsamt einem Staubknäuel wieder hervorholen, noch will sich dein Besuch auf einer staubigen Fensterbank abstützen oder zu husten beginnen, weil er sich etwas zu schwungvoll auf deine Polstermöbel gesetzt hat.

ARBEITSPLAN WOHNZIMMER

1. Wie oft wird staubgesaugt?

- ▪ 2x pro Woche
- ▪ 1x pro Woche
- ▪ alle 2 Wochen
- ▪ _____

Wer achtet drauf? _____

Wer macht's? _____

2. Wie oft werden die Polstermöbel abgesaugt?

- ▪ 1x pro Woche
- ▪ alle 2 Wochen
- ▪ _____

Wer achtet drauf? _____

Wer macht's? _____

3. Wie oft wird Staub gewischt?

- 1x pro Woche
- alle 2 Wochen
- _____

Wer achtet drauf? _____

Wer macht's? _____

3a. Was darf dabei nicht übersehen werden?

- TV
- HiFi-Boxen
- Fensterbänke
- Couchtisch
- Bücherregale
- _____
- _____
- _____

4. Wie oft werden der Esstisch und alle Stühle mit glatter Oberfläche abgewischt?

- nach jedem Essen
- 1x pro Woche
- _____

Wer achtet drauf? _____

Wer macht's? _____

5. Wie oft wird der Boden gewischt?

- 2x pro Woche
- 1x pro Woche
- alle 2 Wochen
- _____

Wer achtet drauf? _____

Wer macht's? _____

6. Wie oft werden die Fenster geputzt?

- _____ x pro Jahr
- Wenn _____ sagt, dass sie geputzt gehören.

Wer macht's? _____
(mehrere Namensnennungen möglich)

7. Was sind die Spezialfälle im Wohnzimmer?

- Lampen
- Türen
- Türrahmen
- Nippes
- Bücher
- CDs/DVDs
- Heizkörper
- _____
- _____

7a. Wie oft werden diese Spezialfälle gesäubert?

- ▪ 1x pro Monat
- ▪ alle 2 Monate
- ▪ _____

6 Die Küche oder: Heiß und vor allem fettig

Jetzt geht's ans Eingemachte. Die Küche ist jener Raum der Wohnung, in dem du vermutlich am häufigsten und am heftigsten aktiv werden musst. Die vier Wörter des Grauens: mit Fett überzogene Dunstabzugshaube. Und, Spoiler-Alert: Was den potenziellen Ekel-Quotienten anbelangt, schlägt die Küche jedes Junggesellen-WC. Vergammelte Lebensmittel haben's einfach drauf.

Beginnen wir gleich mit den guten Nachrichten: Du kannst dir hier sehr viel Mühe ersparen, indem du dir kleine, automatisierte Handgriffe angewöhnst, die du laufend und irgendwann schon ganz ohne Denken ausführst. Die Besteigung jedes Berges besteht schließlich aus vielen einzelnen Schritten.

Was heißt das auf Deutsch? Nicht die Spüle mit schmutzigem Geschirr zuwachsen lassen, sodass der Berg immer übermächtiger wird, sondern das Geschirr immer gleich abwaschen, sobald es Hügelhöhe erreicht hat. Gleiches gilt für den Geschirrspüler. Zu dem kommen wir gleich.

Generell merken wir uns für die Küche, dass wir die gern doch ein bisschen sauberer halten möchten als den Rest der Wohnung. Du weißt schon: Lebensmittel, Essen kochen, Sachen, die man sich in den Mund steckt – all so was. Du musst in der Küche nicht vom Boden essen können, auch wenn dort manchmal genug liegt, um satt zu werden. Aber ein paar Dinge solltest du hier sehr wohl beachten.

Weil der Erfinder des Schmutzes einen seltsamen Sinn für Humor hatte, ist die Küche selbstverständlich auch jener Raum, der am leichtesten und schnellsten verdreckt, gespeist aus den unterschiedlichsten Quellen. Nicht nur wirkt in Küchen die Schwerkraft wohl eindeutig stärker, wodurch alles, was runterfallen oder runtertropfen *kann*, auch runterfallen oder runtertropfen *wird*. Sondern es kommen hier auch noch Kalk in der Spüle, im Wasserkocher und in der Kaffeemaschine ins Spiel, Fett als Spritzer rund um den Herd, eingebrannt im Backofen und als dünner Film einfach überall, Festkörper in Form von weggerollten Erbsen oder hinterhältig davonschwebenden Zwiebelschalen – sowie alle möglichen Flüssigkeiten, die sich nicht immer kooperativ verhalten. Und überkochende Milch. Kurz: Hier wird aus allen Rohren geschossen.

Noch einmal: Je regelmäßiger du all diese Schmutzarten angehst, umso weniger Aufwand ist es für dich. Wie oft regelmäßig ist, kommt darauf an, wie häufig du deine Küche benutzt (und vor allem, wozu) und ob du deinen Ofen zum Backen verwendest oder dein Altpapier darin sammelst.

Wir kümmern uns deshalb erst einmal darum, mit welcher aufwandsarmen Taktik du sie tendenziell sauberer und ordentlicher hältst und erörtern danach, wie du die einzelnen Härtefälle spezialbehandelst. Lass dich nicht abschrecken, das sieht nach mehr aus, als es wirklich ist!

Deine Grundausstattung besteht hier aus einem Stapel deiner liebsten Mikrofasertücher, die ausschließlich in der Küche tätig werden dürfen, sowie einem Geschirrtuch, das möglichst nahe an deiner Spüle hängt, sodass du dir jederzeit die Hände abtrocknen kannst. Ein (möglichst sauberes) Mikrofasertuch liegt griffbereit immer heraußen.

✧✦ Da man ja Prinzipien haben sollte im Leben, lautet unser neues Prinzip, dass wir dieses Mikrofasertuch nach seinem Einsatz nie schmutzig in die Spüle zurückwerfen. Aus zwei Gründen. Erstens: Dieser Lappen sollte im Notfall sofort einsatzbereit sein. Umgekippter Kaffeebecher in gefährlicher Nähe zum Laptop? Da willst du nicht erst die Sahne von heute Morgen aus dem Lappen waschen müssen. Zweiter Grund: Schmutz ist wie ein kleines Kind. Zu lange unbeaufsichtigt und er kommt auf dumme Gedanken. In unserem Fall kann die Sahne sauer werden oder schön festtrocknen, das ganze Tuch kann, wenn es zusammengefaltet und feucht herumliegt, im besten Fall zu müffeln beginnen, im schlechtesten Fall zu schimmeln. Willst du alles nicht. Deshalb: Immer gleich auswaschen und ausgebreitet auf die Spüle oder über den Wasserhahn legen, damit es trocknen kann.

✧✦ Gerade in der Küche lohnt sich die Anschaffung eines sensoraktivierten Seifenspenders. Gibt es für ein paar Euro in jedem Drogeriemarkt, kann man mit ein bisschen Geschick auch selbst nachfüllen und rettet dich jedes Mal, wenn du mit fettigen Händen Hilfe suchend um dich blickst.

Für den Alltag: das Clean-as-you-go-Prinzip

Diese Taktik wurde bis jetzt schon ein paarmal angedeutet, jetzt bekommt sie einen Namen. »Clean as you go« heißt grob übersetzt »Im Vorbeigehen putzen« und meint, dass man laufend kleine, unauffällige Handlungen setzt, von denen die Sauberkeit der Wohnung profitiert, die aber nicht sonderlich viel Zeit kosten.

In der Küche bedeutet das zum Beispiel, beim Kochen

zwischendurch immer wieder schmutzige Töpfe oder nicht mehr benötigte Schneidebretter wegzuräumen und auch einmal kurz über eine Arbeitsfläche zu wischen, wenn das Kochen dort bereits Spuren hinterlassen hat.

Und wohin »weg« räumen wir die Töpfe und Schneidbretter? (Trommelwirbel.) Gleich direkt in den Geschirrspüler! (Fanfare!)

Wenn du zu kochen beginnst, ist deine erste Handlung nach dem Einschalten des Küchenradios deshalb, erst einmal den Geschirrspüler auszuräumen. Ich weiß, du bist eigentlich in Gedanken schon beim Menü und der Frage, ob du die Kartoffeln kochst, brätst oder stampfst. Doch zügle deine geniale Kreativität noch fünf Minuten lang und du wirst spätestens dann, wenn du mitten während des Kochens doch noch einen Platz findest, um die glühend heiße Pfanne abzustellen, heilfroh darüber sein. Außerdem geht das Aufräumen nach dem Kochen viel schneller, und du läufst weniger Gefahr, etwas Sauberes (den Teller, der danach auf dem Esstisch stehen wird) auf etwas Schmutziges (das Schneidebrett, auf dem du gerade die öligen Sardellen geschnitten hast) stellen zu müssen.

Und weil wir schon so viel über Effizienz gesprochen haben: Du sparst dir auf diese Weise pro Teil, das direkt in die Maschine wandert, mindestens einen Handgriff. Sauberer zu kochen, kostet dich also nicht mehr Zeit, sondern weniger! (Mini-Fanfare.)

An dieser Stelle ein kurzes Wort zu Küchenkrepp: Interessanterweise benutzen vor allem Männer sie gern für jede Kleinigkeit, vielleicht, weil sie in ihrer Jugend zu oft die Werbung mit dem »Wisch & Weg« gesehen haben. Das ist nicht nur extreme Ressourcenverschwendung, sondern auch nicht wirklich in unserem Putz-Sinne. So saugfähig Küchenkrepp auch sein mag, mikroskopisch betrachtet hinterlässt es doch immer einen hauchdünnen Film der weggewischten Flüssigkeit. Wirklich nur hauchdünn, aber eigentlich wollten wir die komplett wegkriegen. Deshalb wischen wir mit einem feuchten Tuch, das sozusagen jedes Molekül, das bereits festgetrocknet sein mag, gleich wieder löst.

Das Tuch ist auch die viel nachhaltigere Variante, weil es immer wieder benutzt werden kann. Küchenkrepp hingegen wandert in den Müll, und die nächste Rolle, die du aus der Packung holst, musste zuvor erst unter Rohstoff- und Energieeinsatz produziert, in Plastik verpackt und bis zu deinem Supermarkt transportiert werden.

Geh also sparsam mit ihr um und verwende sie wirklich nur, wenn du Lebensmittel (Fleisch, Fisch) abtupfen oder Fett aus Pfannen aufsaugen willst. Dafür ist sie ideal.

✧ **Kochprofis betreten keine Küche, ohne sich ein allzeit bereites Geschirrtuch in den Hosenbund gesteckt zu haben. Darin wischen sie sich zwischendurch die Hände ab, bevor sie etwas anfassen (in deinem Fall etwa: die Kühlschranktür, um Eier rauszuholen), und damit gehen sie einmal über die Arbeitsfläche, wenn dort zu viele Karottenwürfelchen danebengegangen sind. Deine ersten drei Handgriffe vor jedem Kochen sollten also sein: Küchenradio einschalten. Geschirrspüler ausräumen. Geschirrtuch in den Bund klemmen.**

✧ **Lass deinen Wischmopp einfach gleich in der Küche wohnen. Dort wird er ohnehin am häufigsten (und am dringendsten) gebraucht. Wenn er irgendwo einsatzbereit in einem Eckchen steht, kann nach dem Kochen recht schnell einmal durchge-**

wischt werden, zur Not auch (halb)trocken, Hauptsache, niemand tritt die entsprungenen Erbsen zu Matsch.

Wer kocht, wer putzt?

Eine der großen, nein, essenziellen Fragen in jeder Beziehung ist: Wer macht die Küche nach dem Kochen? Der Kochende oder die Bekochte? Eigentlich die perfekte Aufgabenstellung für ein philosophisches Proseminar im 20. Semester.

Viele werden jetzt sagen, klar, wer kocht, muss danach nicht auch noch die Küche machen! Das ist im Prinzip richtig. Dabei ist nur ein Aspekt zu bedenken: Wer sich um den Dreck, den er macht, nicht weiter scheren muss, weil ihn jemand anderer wegmacht, könnte eventuell möglicherweise in Ausnahmefällen beginnen, dazu zu tendieren, drecktechnisch eine »Nach mir die Sintflut«-Haltung anzunehmen. Wie gesagt, nur ganz theoretisch.

Er könnte sich dann ganz ohne böse Absicht eine Spur weniger darum kümmern, ob ihm gerade etwas hinuntergefallen ist, ob der Soßentopf tropft und das auch noch auf dem Topflappen stehend tut (der danach in die Wäsche muss) und ob die Zwiebelschalen wirklich im Mülleimer landen oder nur in dessen weiterem Umfeld. Noch schlimmer: Er hat wahrscheinlich überhaupt keine Ahnung, dass die Schale nicht ins Ziel getroffen hat.

Ist ja nicht so schlimm, wir sind alle nur Menschen. Aber Menschen lernen, oft ganz automatisch und ohne dass sie es merken. Wer sich zu oft nach einer Zwiebelschale bücken muss, die ihm neben den Mülleimer gefallen ist, wird nach dem dritten Mal beginnen, beim Wegwerfen genauer zu zielen. Wer sich die Finger am heißen Topf verbrennt, weil alle soßenbekleckerten Topflappen in der Wäsche sind, wird beim nächsten Mal zwei Zehntelsekunden länger nachdenken, wo er den Soßentopf hinstellt. Nennen wir's einfach Micro-Learnings.

Soll also der/die Kochende doch auch danach die Küche machen? Vielleicht wenigstens hin und wieder...?

 ## Der Geschirrspüler

Hier lautet dein neues Mantra: »Das Wasser kommt von unten.« Das sagst du dir während des Einräumens am besten immer leise vor. Doch ehe du auch nur den ersten Topf in den unteren Spülkorb stellst, nimmst du das Bodensieb heraus und befreist es unter fließendem heißen Wasser von Fett- und Speiseresten, die sich nach dem letzten Spülgang dort gesammelt haben. Denn wenn der untere Wagen erst einmal voll ist, kommst du an das Sieb viel schlechter ran. Das Gleiche gilt für die Sprüharme, die du kurz auf Verstopfungen kontrollierst, die etwa durch kleine Kernchen entstanden sein können.

Perfekt, jetzt geht's wirklich ans Einräumen. Wer in seiner Jugend ausgiebig Tetris gespielt hat, ist hier klar im Vorteil. Geschirrspüler sind in Bezug auf Wasser- und Energieverbrauch sparsamer als Handwäsche, aber nur dann, wenn sie in voller Beladung laufen. Schnell einmal einen Topf, drei Teller und vier Gabeln spülen lassen, weil man sie am Abend braucht? Schlechte Idee.

Entdecke also das Tetris-Talent in dir und schichte das schmutzige Geschirr möglichst raffiniert so ein, dass keine freie Fläche in den Körben mehr übrig bleibt. Nutze die dritte Dimension! Die Tupperware-Dose verbraucht leicht schräg gestellt weniger Grundfläche, sodass noch der Kaffeebecher von heute Morgen danebenpasst. Unter die Dose legst du dann noch den Kochlöffel sowie den Teigspatel (hochkant, damit der Wasserstrahl sie von beiden Seiten trifft) – und schon: Highscore!

Weil das Wasser von unten kommt, ist der untere Korb für alles stark Verschmutzte reserviert: Töpfe, Pfannen, Auflaufformen. Die bekommen hier die volle Strahlkraft ab. Dazwischen fädelst du dann noch raffiniert die Schneidebretter ein, ebenfalls mit der schmutzigen Seite nach unten. Auch Teller finden hier ihren Platz, wobei du selbst die sehr schmutzigen dicht an dicht stellen kannst. Nur berühren sollten sie einander nicht.

In den oberen Korb kommt einfach alles andere. Kaffeebecher, Schalen, Gläser, Schöpflöffel – was so in der Gegend herumliegt und frei von allzu eingetrockneten Speiseresten ist. Auch hier kannst du deinem neuen Talent für platzsparendes Einräumen freien Lauf lassen. Nicht allzu verschmutztes Geschirr kann einander minimal überlappend angeordnet werden, wobei du immer darauf achten solltest, dass an das obere Teil noch genug Wasser (von unten!) kommt. Schüssel über gleich großes Sieb: geht. Sieb über gleich große Schüssel: geht nicht.

Kleiner Hinweis für alle, die sich erst jetzt zugeschaltet haben: Gläser, Kaffeebecher und generell alle Gefäße stellt man verkehrt herum in einen Geschirrspüler. Nur, damit sich niemand im Nachhinein beschwert. (Ja, es gibt Menschen, die das noch nicht wissen. Fotobeweise liegen vor.)

Das Wasser kommt zwar von unten, im Laufe des Spülvorgangs aber auch zwangsläufig irgendwann wieder von oben, weil es ja zurück nach unten muss. Und so wie Staub sich auf alles legt, was halbwegs waagerecht ist, sammelt sich das Geschirrspülerwasser auf und in allem, was ihm auf der Talfahrt ein Reservoir bietet, und sei das auch noch so klein. Es bleibt also bevorzugt auf den Unterseiten von umgedrehten Müslischalen, Kaffeebechern und sogar auf den Böden von Töpfen, die komplett horizontal in der Maschine liegen, stehen. Und leider auch ein bisschen auf den Körben selbst und manchmal sogar in den Sprüharmen. Wenn diese Ansammlungen groß genug sind, um die Trockenphase zu überstehen, schwappen sie gern über, sobald du nach dem Spülgang die Körbe zum Ausräumen rausziehst.

✧✧ Versuche deshalb, vor allem oben alles ein bisschen schräg einzuräumen, damit das Wasser sich erst gar nicht sammeln kann, sondern gleich abläuft.

✧✧ Beim Ausräumen erst den unteren Korb herausziehen, damit sein Inhalt aus der Gefahrenzone gebracht wird, dann am oberen Korb ein bisschen rütteln, damit alles darin abtropfen kann.

✧✧ Manche Dinge kann man gar nicht so raffiniert in den Geschirrspüler stellen, dass sie nicht doch an irgendeinem versteckten Ort Wasser an sich raffen. Manche Topfgriffe haben versteckte Löcher in der Unterseite, die beim Spülen volllaufen. Siebe behalten auch so einiges für sich. Welche Gegenstände das sind, merkst du nach dem ersten Mal Spüler-Ausräumen, wenn sie dir beim Umdrehen alles volltropfen. Auch hier gewinnt wieder die richtige Taktik: Erst alles Trockene in Sicherheit bringen, dann alle Wasser-Hoarder umdrehen und noch im Geschirrspüler in Ruhe austropfen lassen.

Im Interesse deines Kontostandes wischst du vor dem Einräumen alle gröberen Speisereste vorher ab, damit sie nicht die hochsensible Elektronik der modernen Geschirrspüler irritieren und dir eine Reparatur ab 160 Euro aufwärts einbrocken. Fettreste entfernst du aus Liebe zu deinen Abflussrohren und deinem Kanalisationsprovider mit Küchenkrepp aus den Pfannen und Töpfen, damit das Fett weder deine Rohre noch die der städtischen Kanalisation zuwachsen lässt. Das Küchenkrepp kommt in den Restmüll. Die Teller spülst du hingegen nicht auch noch vorher unter fließendem Wasser ab, wir sind ja nicht in den USA.

Vorher in Wasser eingeweicht wird alles, was mit stark stärkehaltigen Speisen zu tun hatte, etwa Kartoffelpüree, das besonders gern am Holzkochlöffel festtrocknet. Getrocknetes Ei ist ein weiterer Kandidat, der so manchen Spülgang übersteht. Es ist also auch eine gute Idee, den Löffel, mit dem du dein wachsweiches Frühstücksei gegessen hast, vor dem Waschen in ein Glas Wasser zu stellen.

Absolut nicht eingeweicht wird alles Fettige! Oder erst dann, wenn du zuvor einen Großteil des Fetts mit Küchenkrepp rausgekriegt hast. Verkneife dir also den Reflex, die Pfanne, in der du gerade deine Schnitzel gebacken hast, in die Spüle zu stellen oder gar Wasser drankommen zu lassen. Aus zwei Gründen. Erstens: Wasser auf heißes Fett ist nie eine gute Idee, das kann wirklich heftig ins Auge gehen. Zweitens: Wenn erst einmal Wasser an das Fett geraten ist, würdest du sehr viel Küchenkrepp benötigen, um beides aus der Pfanne zu bekommen. Denn nein, wir kippen einfach nichts Fettiges in irgendeinen Abfluss, auch nicht, wenn es mit Wasser »verdünnt« wurde, und das weder in der Küche und schon gar nicht ins WC. Dort hinein kippen wir auch keine anderen Speisereste, außer wir wollen die Rattenpopulation in den Abwasserkanälen füttern.

Geht es schließlich ans Starten der Maschine, checke vorher noch einmal, ob kein Gefäß so umkippen (oder vom Wasserstrahl umgedreht werden) kann, dass es komplett vollläuft, ob die Sprüharme sich drehen können, ohne irgendwo dagegenzuknallen, und ob die Signalleuchte für Regeneriersalz oder Klarspüler anzeigen, dass du eines von beiden nachfüllen musst. An die Einfüllöffnung kommt man bei den meisten Geräten leider besser ran, wenn sie leer sind, was ein bisschen der Tatsache zuwiderläuft, dass die Maschine das fehlende Salz immer erst beim nächsten Einschalten anzeigt, also dann, wenn sie voll eingeräumt ist.

✨ **Regeneriersalz solltest du übrigens auch dann wenigstens hin und wieder nachfüllen, wenn du Multitabs verwendest, in denen alles enthalten ist, denn das Salz in den Tabs erreicht die Ionenaustauscheranlage in deinem Gerät nicht, die unter anderem verhindert, dass sich Kalk an den Heizelementen und in den Leitungen ablagert. Generell raten Auskenner/innen ohnehin dazu, lieber Geschirrspülerpulver sowie zusätzlich Klarspüler und Salz zu verwenden. Auf diese Weise können alle drei genauer für den jeweiligen Verschmutzungsgrad des Geschirrs und die bei dir vorhandene Wasserhärte dosiert werden. Das spart im Vergleich zu den teureren Multitabs nicht nur Geld, sondern ergibt auch bessere Spülergebnisse. Und ist jetzt auch nicht so aufwendig, wie die Multitabs-Lobby immer tut.**

Welches ist das richtige Spülprogramm?

Diese Frage wird dir jede/r Expert/in anders beantworten. Deshalb nimmst du am besten wenigstens einmal die Mühe auf dich, die Bedienungsanleitung deines Geschirrspülers aufmerksam zu lesen. Darin sollten die Verbrauchswerte für Strom und Wasser aufgeschlüsselt nach Spülprogramm stehen. Es muss nicht immer das Volle-Pulle-70-Grad-Programm sein, schon gar nicht, wenn die Maschine in deinem Haushalt oft läuft. Meistens reicht das Öko-Programm absolut aus. Wenn deine Nachbarn nicht direkt unter deiner Küche schlafen, startest du das einfach vorm Schlafengehen.

Hin und wieder, wenn du wirklich besonders viel stark verschmutztes Geschirr wäschst, lohnt sich das Intensivprogramm, übrigens auch deshalb, weil die heißere Lauge dann doch wieder einmal ein bisschen Fett aus deinen Rohren spült.

Das schonendere Gläserprogramm ist keine schlechte Sache, wenn du etwa schöne Weingläser hast, die auch lange schön bleiben sollen. Denn Glaskorrosion ist keine Erfindung der Werbung, sondern kann Gläser tatsächlich dauerhaft trübe machen. (Die Tipps im Internet, wie man diese Trübung angeblich wegbekommt, haben eher Unterhaltungs- als Informationswert.) Wenn du genügend Gläser (und Platz) hast, kannst du sie in einer Ecke deiner Küche sammeln, bis du mit ihnen eine eigene Gläsermaschine voll bekommst.

Nicht in die Spülmaschine kommen deine guten Küchenmesser, die wäschst du mit der Hand ab, damit sie länger scharf bleiben. Außerdem brauchst du sie öfter, als du deine

Spülmaschine anwirfst, oder? Holzschneidebretter mögen die liebevolle Behandlung durch deine zarten Hände ebenfalls lieber. Und auch Aluminium (etwa deine italienische Espressokanne) wird in der Maschine stumpf.

✦✧ Richtig heftig eingebrannte Metall-Kochtöpfe bekommst du sehr mühsam mit Stahlwolle wieder sauber oder etwas einfacher, indem du sie mit ein bisschen Wasch-, Back- oder Geschirrspülpulver oder einem halben Spültab auskochst: Zwei Finger hoch Wasser hinein, bisschen Waschmittel dazu, Fenster öffnen, aufkochen. Riecht wie im Waschsalon, wirkt aber. In einen Topf, in dem sich nur ein bisschen was festgesetzt hat und der nicht allzu fettig ist (siehe oben), gibst du einen Spritzer Geschirrspülmittel und stellst ihn zurück auf die heiße Herdplatte.

Das Match Besteckschublade vs. Besteckkorb in der Kategorie Aufwand geht unentschieden aus. Bei der einen dauert das Einräumen länger, beim anderen das Ausräumen. Und was bei der einen die eindeutig beste Lösung ist, musst du beim anderen unbedingt vermeiden. Während du nämlich in der Bestecklade deines Geschirrspülers alle Gabeln, Messer und Löffel so schön gruppiert einsortieren kannst, dass sie nachher mit einem Griff weggeräumt sind, wäre das beim Besteckkorb absolut kontraproduktiv. Besteck folgt nämlich dem Motto »Gleich und gleich gesellt sich gern«. Sobald sie im Geschirrspüler unter sich sind, haben vor allem Gabeln und Löffel die Tendenz, sich in – erraten! – Löffelchenstellung an ihresgleichen zu schmiegen, was zur Folge hat, dass sie a) weder sauber noch b) trocken werden. Je wilder du das Besteck im Korb also durcheinandermischst, umso besser. Den Besteckkorb kannst du zum Ausräumen außerdem leichter aus der Maschine nehmen und, wenn er dich nicht zu sehr stört, zwischen den Spülgängen heraußen stehen lassen, sodass jede/r Mitbewohner/in sein benutztes Besteck direkt hineinstellen kann, ohne erst auf die Idee zu kommen, es irgendwo zwischenzulagern. Was beim Spülmaschine-Einräumen wieder ein paar Handgriffe spart.

 Der Herd

Auf welcher Art Herd du auch kochst, die Schmutzquellen werden dieselben sein: in erster Linie Fettspritzer und übergekochte Flüssigkeiten, und das alles jeweils noch einmal in schön festgebrannter Form.

Wie also bekommt der Herd sein Fett weg? Mit Wärme und Seife. Und Mikrofasertüchern, aber das ist ja ohnehin klar. Wärme macht Fett kooperativer, das kennt man nicht nur von der Butter, sondern auch vom Automotor, der im Winter schlechter anspringt. Sind beim Kochen also nur ein paar Fettspritzer entkommen, sollte es genügen, wenn du dein Tuch unter möglichst warmes Wasser hältst und damit die Spritzer wegwischst. Weil du beim Kapitel »Wohnzimmer« gut aufgepasst hast, erweiterst du deinen Aktionsradius auch gleich auf das Herd-Umfeld, weil sich Fettspritzer nämlich einen Dreck darum scheren, wo sie landen dürfen und wo nicht. Tuch ausspülen, gut auswringen und nachwischen, dann bleiben auch keine Wasserflecken. Fertig.

Hast du dir dein Steak schön scharf angebraten und damit den ganzen Herd eingesaut, kommst du mit etwas

Glück auch noch mit Wasser durch (der fettige Lappen wandert danach direkt in die Waschmaschine), oder du nimmst Seifenreiniger zu Hilfe, Geschirrspülmittel geht auch. Ein bisschen davon (ich sagte, ein bisschen!) auf ein möglichst feuchtes Tuch geben und alles gut einseifen. Wo du gerade dabei bist, solltest du auch gleich die Wand hinter deinem Herd mitbehandeln, vorausgesetzt sie ist gefliest oder mit einer Glasplatte versehen. Bei Holz tust du mir leid, bei Tapete hilft wohl nur noch Sprengen.

Diese Rückwand wird vermutlich schon so einige Kochaktionen miterlebt haben und entsprechend aussehen. Während die Herdfläche mit einem Seifendurchgang erledigt sein sollte, wird die Rückwand ein bisschen intensivere Zuwendung brauchen.

Fett trocknet nämlich umso besser ein, je länger man es sich selbst überlässt. Dann entwickelt es sich putztechnisch zu einem echten Miststück, weshalb wir an dieser Stelle die antiautoritären Erziehungsversuche beenden und grob werden: mit der rauen Seite des Geschirrschwamms. Ja, das kostet dann doch ein wenig Energie, aber deswegen darfst du es auch als Sporteinheit zählen.

Überall dort, wo du mit Seife gearbeitet hast, wischst du mit klarem Wasser und einem ausgewrungenen Mikrofasertuch nach, fertig!

Wir rekapitulieren die Steigerungsstufen der Fettbeseitigung:

Stufe 1: Mikrofasertuch + möglichst warmes Wasser

Stufe 2: Mikrofasertuch + möglichst warmes Wasser + Seife + Nachwischen

Stufe 3: Geschirrschwamm + möglichst warmes Wasser + Seife + Nachwischen

Hartnäckigeren Flecken auf dem Herd kannst du mit unserer Geheimrezeptur Wasser + Zeit beikommen. Übergekochte Milch etwa weichst du schon einmal vor, indem du einen nassen Lappen auf die Stelle legst und einen Podcast lang dort vergisst. Du hast schließlich Wichtigeres zu tun. Für sie und alles andere, was auf dem Herd übergekocht, danach richtig schön eingebrannt und deshalb auch nicht mit gutem Zureden wegzubekommen ist, holen wir jetzt die schweren Geschütze raus: Scheuermilch oder sogar einen speziellen Schaber für Flächen aus Glaskeramik. Meistens tut's aber die Scheuermilch, die du mit dem Geschirrschwamm und ordentlich Kraft (Oberarm-, Schulter- und Bauch-Work-out) verreibst. Sie enthält winzige Schmirgelpartikel, die das Eingebrannte nach und nach vom Herd peelen. Deshalb musst du vermutlich auch häufiger mit klarem Wasser nachwischen, bis du sie restlos entfernt hast.

Bei dieser Gelegenheit sollten wir vielleicht erwähnen, dass du am besten einen Geschirrschwamm extra für solche gröberen Putztätigkeiten abstellst und nicht mit diesem (dann recht bald verdreckten) Hardcore-Schwamm dein schönes Geschirr bearbeitest.

Geschirrschwämme, Soft- und Hardcore, dürfen übrigens jedes Mal mitfahren, wenn du in der Spülmaschine das heißeste Programm, das sie hat, laufen lässt. Oder auch schlicht und einfach ausgetauscht werden. Kosten ja nicht die Welt.

 **Der Backofen**

Wenn eingetrocknetes Fett das Miststück des Putzens ist, dann ist der Backofen der Vater aller Miststücke. Was auch immer du hier tust: Versuche um alles in der Welt, Flecken erst gar nicht entstehen zu lassen! Also auch wenn der Braten direkt auf dem Gitterrost liegen soll, unbedingt ein Gefäß darunterstellen, das den Bratensaft auffängt! Lerne, dein Backblech nie ohne Backpapier in den Ofen zu schieben, oder investiere in eine nachhaltige Dauer-Backmatte aus Silikon.

Du wirst aller Wahrscheinlichkeit nach irgendwann aufgeben, dein Backrohr blitzblank halten zu wollen, und das ist okay so. Dort sollen ja keine Herz-OPs stattfinden. Versuche trotzdem, Runtergetropftes so bald wie möglich zu entfernen, am besten, wenn der Ofen und das Runtergetropfte noch warm sind, dann geht es einfacher.

Etwas leichter und deshalb öfter zu reinigen ist das Sichtfenster. Es wird mit einer Schicht aus Fettspritzern und diversen eingetrockneten Flüssigkeiten belegt sein, weshalb du einfach gleich zum Geschirrschwamm und zu einem ordentlichen Schuss Seifenreiniger greifst. Gern einschäumen und ein bisschen einwirken lassen. Mit dem feuchten Mikrofasertuch nachwischen.

Backofenspray hilft natürlich beim Putzen des Innenraums, als nachhaltigere Alternative empfiehlt die Stiftung Warentest, Spülmittellösung in einer Schüssel in den Ofen zu stellen und bei 100 Grad 30 Minuten lang verdampfen zu lassen, sodass sich die Lösung ebenfalls auf alle Oberflächen legt. Beides erspart dir jedoch nicht, dass du ihn danach gründlich auswischen musst. Je nach Position wird das dann dein Bauch-Beine-Po-Training, aber den Muskelkater am nächsten Tag darfst du mit Stolz ausführen.

Wieso du hier putzen solltest: Das Sichtfenster reinigst du, weil du noch erkennen möchtest, was gerade in deinem Ofen bäckt und welche Farbe es mittlerweile angenommen hat. Gröbere Hinterlassenschaften auf dem Ofenboden entfernst du, weil sie dir sonst beim nächsten Einschalten die

Bude verstinken. Das Backrohr in seiner Gesamtheit putzt du wenigstens hin und wieder, weil alles andere einfach ekelig wäre.

▨ Die Küchenspüle

Es ist eines der großen Putz-Paradoxe, dass ein Ort, der eigentlich dem Reinigen von Gegenständen und Lebensmitteln dient, selbst so schnell einsauen kann. Die Küchenspüle tut dies immerhin nicht so heimlich und hinterfotzig wie etwa das weiße Badezimmer-Waschbecken, das seine Kalkflecken gut tarnt, sondern ganz offensichtlich. Vor fünf Minuten geputzt und gleich wieder die ersten Flecken. Wir nennen es Schicksal und sehen es als Übung in Gleichmut.

Essig wirkt in der Edelstahl-Küchenspüle wunderbar, wenn er die Gelegenheit bekommt, ein bisschen einzuwirken. Aber bitte nicht auf Chrom oder Kupfer anwenden, die von der recht starken Säure im Essig angegriffen werden können, sondern dort lieber die etwas teurere, dafür sanftere Zitronensäure nehmen! Auf Marmorflächen darf tatsächlich überhaupt keine Säure verwendet werden. Für die gibt es spezielle Reiniger, aber du kannst auch versuchen, Kalkflecken mit deinem feuchten Mikrofasertuch und/oder ein bisschen Speiseöl zu entfernen.

Gehen wir aber davon aus, du bist im Besitz einer Standardspüle aus Edelstahl: Den weißen Branntweinessig großzügig auf allen flachen Teilen der Spüle verteilen und an die jäh abfallenden Beckenwände einen mit Essig getränkten Lappen pappen. In Ruhe deinen Kaffee trinken, nach jedem dritten Schluck den Lappen ein Stückchen weiterschieben und am Schluss noch über die Armaturen wischen.

Sollte noch nicht so viel Kalk zu sehen sein, kannst du auch die ganze Spüle mit Geschirrspülmittel oder Seifenreiniger einschäumen, wenn dir der sympathischer ist. Hartnäckigere Kalkränder können dabei jedoch überleben.

Wenn du wirklich brutal rangehen möchtest, kannst du die Spüle auch einmal mit Chlorreiniger bearbeiten. Aber Vorsicht! Chlorreiniger niemals gleichzeitig mit sauren Reinigern wie Essig, Zitronensäure oder sogar WC-Reiniger anwenden! Dabei können sich giftige Gase entwickeln! Außerdem solltest du vorher unbedingt Gummihandschuhe anziehen, deiner Haut zuliebe und auch, weil deine Hände sonst drei Tage lang stinken werden. Fenster öffnen. Einen Lappen, dem es nichts ausmacht, gebleicht zu werden, mit Chlorreiniger tränken und damit die Spüle großzügig befeuchten. Die Abflüsse nicht vergessen. Wenn deine Arbeitsflächen aus Kunststoff, Glas oder Edelstahl sind, kannst du sie auch gleich mit einschließen, du wirst erst danach merken, welcher Graufilm sich im Laufe der Monate (Jahre?) bereits über sie gelegt hatte.

Den Chlorreiniger nur ein paar Minuten einwirken lassen, der ist schon ziemlich starkes Zeug. Sehr gründlich mit einem dazwischen immer wieder gut ausgespülten Lappen nachwischen und das Fenster hinterher noch ein bisschen offen stehen lassen.

Um den neuen, glänzenden Zustand deiner Spüle zu erhalten, kannst du natürlich auch das Credo, das gern auf US-amerikanischen Haushaltsseiten im Internet gepredigt wird, befolgen und die Spüle nach jeder Nutzung trocken wischen. Aber wir wollen wenigstens ein bisschen realistisch bleiben.

Wieso du hier putzen solltest: In der Spüle wäschst du nicht nur dir die Hände, sondern auch deine Lebensmittel ab, bevor du sie weiterverarbeitest. Das sollte eigentlich als Argument genügen. Und: Es sieht hübscher aus!

🧊 Der Kühlschrank

Bevor wir hier irgendetwas sagen, räume doch einfach einmal jene Etage deines Kühlschranks leer, aus der du am seltensten etwas herausholst. Meistens steht dort Langlebiges wie Senf, Soßen, Marmelade. Wie sieht es ganz hinten aus? Als Nächstes betrachtest du deine Gemüselade aus der Nähe. Winkt schon etwas zurück?

In den Kühlschrank sieht man immer nur recht kurz, den Großteil des Tages herrscht darin gnädige Dunkelheit. Doch in ihrem Schutze kann sich manch Unerfreuliches entwickeln. Das Gemüse, das schon am längsten in deiner Gemüselade wohnt, hat sich mittlerweile einen hübschen Pelz umgelegt, in dem Tupperware-Teil mit den Essensresten, die du extra für den nächsten Tag aufgehoben hattest, haben sich nach drei Wochen neue Lebensformen entwickelt. Und bei diesem einen Fleck weißt du schon gar nicht mehr, was dir da ursprünglich ausgelaufen war. Aber dafür schillert er jetzt sehr schön.

Die Radikalmethode ist, den Kühlschrank auszuschalten, alles herauszuräumen und jede Etage gründlich zu putzen. Du hast mittlerweile ein Gefühl dafür entwickelt, ob du einen zusätzlichen Reiniger wie etwa Geschirrspülmittel oder Seifenreiniger brauchst oder ob es genügt, die einzelnen Fächer abzuwischen. Oder ob du sie besser komplett herausnimmst und entweder per Hand in der Spüle gründlich einseifst oder sogar in den Geschirrspüler stellst, falls sie dort hineinpassen.

Wenn alles draußen ist, wischst du auch noch den Innenraum ab, am besten mit deinem Mikrofasertuch und einem Schuss Essig, der leicht antibakteriell wirkt und Schimmelbildung im Innenraum reduziert. Vergiss nicht die Ablaufrinne für das Kondenswasser, das sich in jedem Kühlschrank an der Rückwand bildet und gern Papierverpackungen aufweicht, die ganz hinten stehen. Die Rinne sowie der Abfluss, durch den das Kondenswasser abläuft, müssen immer sauber bleiben, damit sich die Flüssigkeit nicht im Rest des Kühlschranks verteilt.

Wenn alles wieder sauber ist, räumst du nur noch jene Dinge zurück in den Kühlschrank, die du wirklich noch essen wirst. Öffne alle Gläser und sieh nach, ob sich ihr Inhalt schon von allein bewegt. Bekommst du das Glas schon gar nicht mehr auf, erkenne den Wink, den dir das Schicksal damit geben will und handle entsprechend.

Übrigens: Nicht jedes Lebensmittel, das sein Mindesthaltbarkeitsdatum überlebt hat, muss in den Müll. Diese Angabe stammt von den Herstellern und bezeichnet jenes Datum, bis zu dem das Produkt bei sachgemäßer Lagerung auf jeden Fall okay ist. Hier gehen die Unternehmen allerdings auf Nummer sicher, damit sie erst gar nicht in die Nähe einer Haftungsklage kommen können. Bedeutet: Die meisten Lebensmittel sind auch noch Tage danach absolut in Ordnung. Joghurt kann – zumindest ungeöffnet – beispielsweise noch wochenlang völlig unbeeinträchtigt sein.

Statt blind wegzuwerfen und auf diese Weise zu den 6,1 Tonnen Lebensmitteln beizutragen, die laut einer Studie des Thünen-Instituts aus dem Jahr 2019 jährlich in deutschen Privathaushalten im Müll landen, also lieber genau hinsehen, dran schnuppern und sich dabei auch selbst ein bisschen an der Nase nehmen: Ist die Paprika wirklich schlecht oder nur nicht mehr besonders hübsch? Schimmelt das Brot oder ist es einfach nur nicht mehr knusprig? Ist die Milch wirklich sauer oder traust du dich nur nicht, sie zu kosten?

Wieso du hier putzen solltest: Der Kühlschrank gehört laut einer Studie des britischen Hygiene Council zu jenen Haushaltsgeräten, die viel zu selten geputzt werden. In 44 Prozent der untersuchten Haushalte hatten sich dort bereits Schimmelsporen angesiedelt. Der Kühlschrankgriff gehörte zu den Top 3 der ignoriertesten Putzaufgaben, dicht hinter dem WC-Spüldrücker und gleichauf mit den Griffen der Küchenschränke und dem Wasserhahn im Badezimmer.

Ordnung – deine geheime Superpower

Bevor du den Kühlschrank wieder einräumst, halte kurz inne! Wie viele angebrochene Senfgläser besitzt du? Wie viele halb volle Butterpackungen? Wie oft stehst du vor dem Kühlschrank und suchst etwas, findest es nicht, kaufst es beim nächsten Supermarktbesuch ein und merkst zwei Wochen später, dass du es eigentlich doch gehabt hättest?

Die Lösung für dein Problem heißt System. Überleg dir nur ein einziges Mal, aber umso gründlicher, wohin du was stellen willst und bleib dabei! Eier IMMER rechts oben, Butter IMMER in der Tür oben, Marmelade IMMER unteres Fach links. Alles, was dir regelmäßig vergammelt, bekommt einen fixen Platz möglichst weit vorne, damit es dich bei jedem Kühlschrank-Öffnen an seine Existenz erinnert. (Oder du kaufst es endlich nicht mehr.)

Das gilt übrigens für deine gesamte Wohnung, deine Handtasche oder deinen Rucksack und sogar für deine Sockenschublade. Jedem Ding in deiner Wohnung einen fixen Platz zuzuweisen, ist zu Beginn ein bisschen mühsam, zugegeben. Du verdrehst auch gerade die Augen und denkst dir: »Please! Bin ich zwänglerisch oder was? Ich hab immer noch alles gefunden!« Aber glaub mir: Du wirst für den Rest deines Lebens weniger Zeit mit Suchen vergeuden.

 ## Die Dunstabzugshaube

Sieht doch eh sauber aus? Der war gut! Streiche vertrauensvoll mit der Hand oder etwas Küchenpapier drüber und du wirst schon reflexhaft zum Seifenreiniger greifen.

Die Dunstabzugshaube hat Scheuern nicht so gern, vor allem solltest du sicherheitshalber mit dem ausgeübten Druck haushalten, damit sie dir nicht doch noch entgegenkommt. Hier ist also großzügiger Seifeneinsatz vonnöten, wieder mit unserem Mikrofasertuch, das wir wieder mit möglichst heißem Wasser ausgespült haben. Du wirst vielleicht mehrere Durchgänge benötigen, je nachdem, wie vielen Jahresringen an Fettschichten du gegenüberstehst.

Wo du gerade vor der Dunstabzugshaube stehst, kannst du auch gleich das Filtervlies, das sich hoffentlich darin befindet und mittlerweile vermutlich schon vor Fett trieft, austauschen. Ersatz bekommst du im nächsten Drogeriemarkt.

PS: Die Dunstabzugshaube besteht nicht nur aus der Frontseite, die alle sehen.

Wieso du hier putzen solltest: In intensiv genutzten

Küchen werden dich bei genauerem Hinsehen sogar schon Fetttropfen anlachen, die todesmutig an einer Kante der Abzugshaube hängen. Willst du die demnächst in deinem Essen haben?

Was in der Küche sonst noch zu tun ist

Kalk trifft nicht nur die Küchenspüle, sondern alles, was regelmäßig mit Wasser in Kontakt kommt. Ergo auch den **Wasserkocher** oder, wenn vorhanden, die **Kaffeemaschine.** Letztere entkalkst du nach den Angaben in der Bedienungsanleitung, und in den Wasserkocher kippst du immer dann, wenn der Kalk die Heizplatte bereits großflächig bedeckt, einen guten Schluck Zitronensäure. Ein bisschen verdünnter Essig tut's auch. Wenn es ganz leicht zu sprudeln beginnt, weißt du: Hier gibt die Säure gerade dem Kalk eine Harke, denn sie macht ihn wasserlöslich – und produziert dabei Kohlensäure. (Nicht genug für eine Weinschorle, leider, auch wenn du sie dir danach verdient hättest.)

Wenn du einen **Tiefkühler oder einen Kühlschrank mit Tiefkühlteil** besitzt, sollte der regelmäßig abgetaut werden. Wann, merkst du selbst, wenn der Tiefkühler schon so zugeeist ist, dass du die Schubladen kaum noch öffnen kannst oder du nicht einmal mehr eine TK-Pizza hineinbekommst. Dann verbrauchen die Geräte übrigens auch gleich unnötig viel Strom, weil die Kühlelemente durch das Eis geradezu isoliert sind. Nutze die Chance vor allem dann, wenn dein TK-Vorrat so gut wie weggegessen ist. Im Sommer taut das Eis natürlich noch viel schneller ab.

Den Inhalt lagerst du am besten in einer Kühlbox oder

bei Nachbarn aus, denn das Abtauen dauert doch immer ein paar Stunden. Das Gerät wird währenddessen logischerweise ausgeschaltet. Lege genügend Tücher darunter oder positioniere leere Gefäße so, dass sie möglichst viel Tauwasser auffangen. Wenn es besonders schnell gehen soll, kannst du einen Topf mit heißem Wasser hineinstellen, bleib aber immer in der Nähe, um Überschwemmungen zu verhindern. Nicht mit Gewalt und Stemmeisen nachhelfen, sondern bei dieser Gelegenheit auch gleich die Türdichtungen gründlich säubern. Undichte Türen führen nicht nur zu konstanter Energieverschwendung, sondern lassen auch feuchte Außenluft eindringen − wodurch der Tiefkühler noch viel schneller vereist.

Wenn der letzte Eiskristall verschwunden ist, wischst du den Innenraum wirklich gründlich trocken. Jeder Tropfen, der jetzt noch übrig bleibt, verwandelt sich beim erneuten Einschalten sofort wieder in Eis. Die Lebensmittel dürfen erst dann wieder zurück, wenn der Tiefkühler kalt genug ist.

Die Generalreinigung

Jetzt musst du sehr stark sein: Hin und wieder solltest du all deine Küchenregale und -schränke ausräumen (atmen!), gründlich mit einem feuchten Lappen und gegebenenfalls ein wenig Seife auswischen (weiteratmen!) und wieder einräumen. Mit hin und wieder ist hier − wollen mal großzügig sein − einmal pro Jahr gemeint. Wäre aber wirklich gut, denn die winzig kleinen Fetttröpfchen, die beim Kochen mitsamt dem Dampf in die Luft steigen, legen sich als hauchdünner Fettfilm über einfach alles in deiner

Küche. Plus Staub, den dürfen wir hier auch nicht vergessen. Die unheilvolle Dreifaltigkeit des Drecks.

Die guten Nachrichten: Du kannst dabei auch gleich alle Gewürze aussortieren, die noch Preisetiketten in D-Mark oder Schilling tragen und diese eine Zutat, die du nie verwendet hast und auch nie verwenden wirst, entsorgen. Und du fühlst dich nachher so gut!

 ## Die Qualitätskontrolle

Auch wenn du den Geschirrspüler morgens im Halbschlaf ausräumst, während dein Kaffee durchläuft: Versuche, die Augen wenigstens so weit aufzubekommen, dass du immer wieder einen Blick auf das Geschirr werfen kannst. Ist der verkrustete Topf wirklich sauber geworden? Klebt am Löffel doch noch Ei? Das willst du nicht erst merken, wenn du ihn das nächste Mal in den Mund steckst.

Streiche hin und wieder liebevoll über deine Arbeitsflächen. Bleiben die Hände kleben? Knirscht's unter den Fingern? Fühlt sich die Fläche rauer an, als sie sollte? Dann weißt du, dass wieder einmal der Moment gekommen ist, zum Putztuch zu greifen.

ARBEITSPLAN KÜCHE

1. Wer macht die Küche nach dem Kochen (beinhaltet Abwasch, Arbeitsfläche, Esstisch und Küchenboden)?

 ▪ Der/Die Bekochte
 ▪ Der/Die Kochende

2. Wie lange verwenden wir Küchenlappen, bevor sie in die Waschmaschine kommen?

 ▪ Maximal _____ Tage

3. Wie lang verwenden wir Geschirrschwämme?

 ▪ _____ Wochen, getauscht wird immer am
 _____

4. Wie oft wollen wir die Küchenspüle grundreinigen?

 ▪ 1x pro Woche
 ▪ 2x pro Woche
 ▪ _____

Wer achtet drauf? _____

Wer macht's? _____

5. Wie oft wollen wir das Backrohr und die Mikrowelle putzen?

- 1x pro Woche
- alle 2 Wochen
- _____

Wer achtet drauf? _____

Wer macht's? _____

6. Wie oft wollen wir den Kühlschrank ausmisten und reinigen?

- alle 2 Wochen
- alle 4 Wochen
- _____

Wer achtet drauf? _____

Wer macht's? _____

6a. Wie oft wollen wir ihn abtauen?

- 1x pro Jahr
- 2x pro Jahr
- Wenn wir die oberste Schublade nicht mehr öffnen können.

Wer achtet drauf? _____

Wer macht's? _____

7. Wie oft wollen wir Wasserkocher und Kaffeemaschine entkalken?

- 1x pro Monat
- alle 2 Monate
- _____

Wer achtet drauf? _____

Wer macht's? _____

8. Wer kümmert sich um ...

- ... die Dunstabzugshaube? _____
- ... den Wasserkocher? _____
- ... die Kaffeemaschine? _____
- ... die Mikrowelle? _____
- ... die Besteckschublade? _____

9. Wie oft wollen wir die Küchenfronten putzen?

- 1x pro Monat
- alle 2 Monate
- _____

Wer achtet drauf? _____

Wer macht's? _____

10. Wie oft wollen wir Küchenschränke und -regale ausräumen und gründlich wischen?

- 2x pro Jahr
- 1x pro Jahr
- _____

Wer achtet drauf? _____

Wer macht's? _____
(mehrere Namensnennungen möglich und empfohlen)

7 Das WC oder: Iron Man meets Paris–Dakar

Hier sind die wahren Könner gefragt – und selbst die scheitern oft genug. Deshalb gehen wir es ganz langsam an und vor allem: ganzheitlich.

WC-Putzen ist wie Sex: Die erste wichtige, falsch, *essenzielle* Erkenntnis lautet, dass sich auch beim Klo nicht alles nur um die eine Öffnung dreht. So wie der Mensch mehr als drei Komma fünf erogene Zonen hat, besteht auch das WC aus einem ganzen Universum, das beachtet werden will. Wir schalten kurz vom Tunnelblick auf Weitwinkel und erkennen:

- die Innenseite der Kloschüssel
- den inneren oberen Rand der Kloschüssel (besonders tricky)
- die Außenseite der Kloschüssel
- die Klobrille
- die Unterseite der Klobrille (was?! Oh, wow!)
- den Klodeckel (yep, beidseitig!)
- die Rückwand hinter dem Klo
- der Drücker zum Spülen
- der Boden unter dem und rund ums Klo
- die Klobürste
- der Klobürstenhalter
- der Klopapierrollenhalter (das ist jetzt aber schon was für Fortgeschrittene)

ᛒ sowie ganz prinzipiell alles, was sich in Spritzweite befindet. Und das kann, je nach Strahlkraft, ein ziemlich großer Radius sein.

Wie wir bereits gelernt haben, legt sich Staub selbst auf der kleinsten und manchmal sogar auf der senkrechtesten Fläche ab. Also auch auf dem (bei vielen von uns offen stehenden) WC-Deckel. Fahre einmal mit der flachen Hand über seine Innenseite! Und jetzt noch einmal über seine obere Kante! Igitt? Keine Angst. Ist alles machbar.

Der tägliche Gebrauch

Gott sei Dank muss man niemandem mehr erklären, wie man das WC nach erfolgreicher Nutzung zu hinterlassen hat. Man muss niemanden mehr darauf aufmerksam machen, dass sich Spritzer entweder auf der Klobrille (Streuverlust bei Stehpinkler/innen) oder der Unterseite der Klobrille (Rückschlageffekt bei Sitzpinkler/innen) befinden können. Man muss niemanden mehr darauf hinweisen, dass die Klobürste jedes Menschen beste Freundin ist und schon viele glückliche Beziehungen glücklich gehalten hat.

Man muss selbstverständlich auch niemandem erklären, dass auch die Klobürste nach Gebrauch irgendwie abgespült werden muss, idealerweise bei einem kleinen Nachspülen, bei dem auch alles, was sie so gelöst haben könnte, entsorgt wird. Sonst würde nämlich das, was an der Bürste bei vorschriftsgemäßem Gebrauch hängen geblieben ist, mit in den Klobürstenhalter wandern – und das will ja wohl niemand.

Wir merken uns:

Spülen – Klobürsteneinsatz – Nachspülen inkl. Klobürstenreinigung – Klobürste an der Innenseite (!) der Kloschüssel kurz abklopfen, weil sie sonst auf dem Weg zum Klobürstenhalter alles volltropft (und dort drin außerdem innerhalb weniger Tage das Wasser stehen würde).

Wie gesagt: Gehört zur Allgemeinbildung, machen wir alle mit links und im Schlaf. Weil wir super sind.

Die wöchentliche Reinigung

Geht schneller, als du glaubst.

Du brauchst dafür:

- ein schickes Mikrofasertuch, das idealerweise nur fürs WC-Putzen verwendet wird
- Kloreiniger wie WC-Ente
- evtl. feuchte Reinigungstücher, die nach Gebrauch NICHT ins Klo geworfen werden, sondern in den Restmüll. Wenn du sie nicht ins Klo wirfst, lieben dich deine Kanalarbeiter; wenn du auf sie komplett verzichtest, liebt dich deine Umwelt. Aber bevor du gar nicht putzt, putz lieber mit Reinigungstüchern.

Dauer 7 Minuten, geht los ab jetzt:

WC-Reiniger möglichst großflächig innerhalb der Schüssel verteilen, nach Möglichkeit auch unter den Rand spritzen.

1. Während der einwirkt, mit einem Lappen alles, was außerhalb liegt, wischen, und zwar in absteigender Igitt-Abstufung: erst den Klopapierrollenhalter, dann den Spüldrücker, dann den Klodeckel, dann die Außenseite der Kloschüssel und die rückseitige Wand, dann die Klobrille, dann rund ums WC. Dazwischen den Lappen immer wieder ausspülen und danach in die Wäsche geben. (Und wie gesagt: Mit diesem Lappen wischen wir dann *nicht* auch noch schnell über die Arbeitsflächen in der Küche.)

2. Danach mit der Klobürste die Innenseite der Kloschüssel ordentlich schrubben.

   Wo du mit der Nase grad so nah dran bist: Stell dir einfach mal vor, was sich im Laufe einer Woche so unter dem Spülrand ansammelt.

   Dort, wo das Wasser beim Spülen nicht so gut hinkommt.

   Dort, wo auch die WC-Ente nur halb hinkommt.

   Dort, wo dein bestes Stück mehrmals am Tag ganz nah drankommt. (Stell dir dazu am besten die Musik aus Hitchcocks »Psycho« vor, wenn Anthony Perkins gerade Janet Leigh unter der Dusche ersticht.)

   Das, was du gerade in der Magengegend spürst, ist die Motivation, auch unter dem Spülrand zu bürsten. Dazu hast du dir, weil du äußerst vorausschauend bist, schon vorsorglich eine der Klobürsten mit diesem kleinen Aufsatz gekauft, mit dem du wunderbar unter den Rand kommst.

3. Nachspülen, dabei gleich die Klobürste abspülen, abklopfen und – okay, fast – fertig!

4. Es gibt da nämlich noch den Klobürstenhalter, aber den machst du jetzt mit links. Das bisschen Wasser, das sich darin angesammelt hat (ganz wenig, du klopfst ja die

Bürste genialerweise immer ab), ausschütten, mit deinem feuchten Klolappen oder Feuchttüchern den Halter zumindest obenrum abwischen (auch hier wieder: Staub legt sich auf alles, was nicht 100-prozentig senkrecht ist!), Bürste wieder rein, noch schnell den Bürstengriff abwischen – jetzt wirklich fertig! Du bist toll!

Und das alles ist doch so easy, dass man es in Wirklichkeit sogar zweimal pro Woche schafft. Locker.

 ## Die Qualitätskontrolle

Überall sonst prüfen wir mit den Fingern, ob alles sauber genug ist. Das verkneifen wir uns hier dann doch. Stattdessen sehen wir genau hin und zwar auch aus unterschiedlichen Positionen. Von senkrecht oben mag alles strahlend weiß aussehen, aber wenn du dich jetzt vor dein WC kniest, sieht es vielleicht (unter dem Spülrand) ganz anders aus. Wenn du Hemmungen hast, der Schüssel mit deinem Gesicht zu nahe zu kommen, solltest du vielleicht auch noch einmal nacharbeiten.

Bei der Kontrolle nicht vergessen, die gesamte Umgebung im ungefähren Spritz-Radius zu kontrollieren, also auch den Heizkörper daneben und die Wand dahinter!

Wieso du hier putzen solltest

Weil alles andere einfach ekelig wäre.

ARBEITSPLAN WC

1. Wie oft wollen wir das WC putzen?

- ▪ 2x pro Woche
- ▪ 1x pro Woche
- ▪ _____

2. Wer macht's und darf von der/dem/den anderen daran erinnert werden?

_____

3. Wer ist für die Qualitätskontrolle danach zuständig?

- ▪ _____
- ▪ Wir brauchen keine, da _____
  das 1a machen wird.

4. Wer achtet darauf, die Klobürste in regelmäßigen Abständen zu erneuern?

_____

5. Was verstehen wir unter »regelmäßigen Abständen«?

▪ 1x pro Monat

▪ alle 2 Monate

▪ _____

8 Das Badezimmer oder: Auch Wasser macht Flecken

Die Bezeichnung Feuchtraum ist für die meisten Badezimmer ein Hilfsausdruck. Baden, Duschen, Händewaschen, Zähneputzen, oft auch noch Wäsche, die zum Trocknen über der Wanne hängt – und das alles in vielen Wohnungen ohne die Möglichkeit, ein Fenster zu öffnen, um den ganzen Dampf hinauszulassen. Wo Feuchtigkeit ist, ist Schimmel nicht weit. Und wo Wasser ist, sind Wasserflecken an der Tagesordnung.

Dazu kommt es im Badezimmer zu einem erhöhten Aufkommen an Staub, weil hier traditionell viel mit Textilien hantiert wird: Sie werden ausgezogen (um unter die Dusche zu gehen) und dazu verwendet, sich abzutrocknen (wenn man aus der Dusche kommt). Dazwischen greift man immer wieder zum Handtuch, um Gesicht und Hände zu trocknen. Jedes Mal gehen ein paar Fusselchen ab und entschweben. Und nicht nur die.

Wir wollen jetzt nicht zu ungustiös werden, aber im Bad wirst du auch eine erhöhte Anzahl von Hautschüppchen antreffen. Die siehst du nicht unbedingt mit bloßem Auge, aber glaub mir, sie sind da. Nicht nur beim Abtrocknen wird immer ein bisschen runtergerubbelt. Wenn deine letzte Pediküre schon etwas länger her ist, wirst du laufend ein bisschen Hornhaut auf deiner Badematte liegen lassen. Wolltest du vielleicht nicht so genau wissen, ist aber so.

Außerdem werden wir hier das Phänomen kennenlernen, dass Substanzen, die der Säuberung des menschlichen Körpers dienen, selbst zu Schmutz werden können. Die Putz-Fachwelt nennt es Kalkseife, wir begnügen uns mit »dieser fiese festgetrocknete Schaum nach dem Duschen und Haarewaschen«.

Zu guter Letzt bekommen wir es hier auch noch mit dem zu tun, weswegen wir diesen Raum eigentlich betreten: dem Schmutz, der sich auf unserem Körper sammelt. Der verschwindet auch nicht immer freiwillig im Abfluss.

Ach ja, richtig: und Zahnpastaflecken!

Und Haare!

Und Barthaare!

Puh.

Aber keine Angst. Auch hier machen wir nur das Nötigste, und es wird weniger mühsam, als es klingt. Wenngleich in den meisten Badezimmern noch eine kleine Strafverschärfung hinzukommt: Denn vor allem Staub und Hautschüppchen finden hier auch noch eine große Zielgruppe unterschiedlichster Oberflächen, auf die sie niedersinken können. Und dazu musst du nicht einmal metrosexuell sein. Auch die in jedem Haushalt anwesende Mindestzahl an Cremetuben, Eau de Toilettes und Bürsten wird über kurz oder lang eingestaubt. Alles, was täglich benutzt und bewegt wird, etwas weniger, der Haarbalsam, den du nur einmal pro Woche verwendest, etwas mehr. Welches Produkt, das in deinem Bad frei herumsteht, kommt am seltensten zum Einsatz? Dort wird die dickste Staubschicht liegen. Das soll kein Vorwurf sein, sondern nur deine Augen für die Dinge öffnen, die zu tun sind.

Bevor wir im Bad also zum Putzen kommen, lautet der erste Rat: Räum weg, was du wegräumen kannst! Schaff dir möglichst staubsichere Schränke oder Schubladen an, und stell dort alles hinein, was du nicht täglich verwendest. Dadurch erreichst du gleich zwei Ziele: Diese Sachen können weniger leicht einstauben, und dir sind beim Putzen keine nervigen kleinen Fläschchen im Weg.

Und damit haben wir auch schon unsere Taktik für den ersten Schritt: Schaffe auf allen Oberflächen, die kein Fußboden sind, möglichst viel freien Platz, damit du hier mit einem feuchten, gut ausgedrückten Mikrofasertuch staubwischen kannst. Du hast jetzt nicht mehr so viel herumstehen, deshalb geht das auch schnell: Zahnpasta, Zahnbürste, Bürste, Körperlotion auf die rechte Seite des Waschbeckens stellen, dabei gleich über alle Produkte kurz mit dem Tuch drübergehen (weil selbst leicht angestaubt), die Fläche links vom Waschbecken wischen, kurz warten, bis sie getrocknet ist und das Ganze noch einmal in die Gegenrichtung. Dabei immer die Wischtechnik aus Kapitel 6 beachten, also nicht ziellos hin und her fahren, sondern auch diesen Staub in Schlangenlinien langsam in die Enge treiben. Lappen ausspülen, fertig.

Die Variante für Feinmotoriker: Alles stehen lassen, wo es ist, aber jedes einzelne Teil hochheben und darunter wischen.

»Moment!«, wirst du jetzt sagen, »nicht vorher überall mit der Möbelbürste saugen, wie wir das im Wohnzimmer gelernt haben?« Das kannst du gern machen. Doch wenn du erst einmal einen Blick für herumliegenden Staub entwickelt hast, wirst du im Badezimmer ziemlich oft putzen, jedoch nicht jedes Mal den Staubsauger hinschleppen wollen. (Aber 1a mitgedacht, Hut ab!)

»Ja, aber«, wird jetzt jemand sagen, die jeden Tag von deinen Bartstoppeln rund ums Waschbecken genervt ist, »soll man nicht einmal die wegsaugen?« Seit adrett gestutzte Vollbärte wieder in Mode sind, ist das leider zu einem wahren Alltagsproblem geworden. Es soll Männer geben, die sich nur noch im Garten rasieren, damit sie nicht hinter sich selbst herputzen müssen, aber das ist ja auch nicht immer die Lösung und manchmal auch ziemlich kalt. Da Bartstoppel leider verdammt gute Flugeigenschaften haben, kann man Trockenrasierende an dieser Stelle nur inständig um Prophylaxe bitten. Und die geht so: Je weiter und tiefer sich Männer beim Rasieren nach vorne über das Waschbecken beugen, umso mehr fällt gleich dort hinein und kann recht einfach weggespült werden. Alles, was danebengeht, muss mühsam mit dem Lappen eingefangen werden – was übrigens immer der Verursacher erledigen sollte.

Wenn du mit der Waschbeckenebene fertig bist, wendest du dich dem Boden zu. Auch der muss regelmäßig gesaugt und gewischt werden – tendenziell sogar öfter als im Wohnzimmer, aber nicht so oft wie in der Küche. Auch hier macht das Vorher-Saugen Sinn, weil dort vermutlich viele Haare herumliegen. Die sind dann schon einmal weg. Bei dieser Gelegenheit kannst du mit dem schmalen Aufsatz des Staubsaugers auch gleich all jene Bartstoppel eliminieren, die doch entkommen sind und sich an schwer zugänglichen Stellen versteckt haben.

Danach wird wieder feucht gewischt. Da dein Boden vermutlich gefliest ist, kann der Wischmopp im Vergleich zu Holzböden theoretisch ein bisschen feuchter sein, um eingetrocknete Wassertropfen (erkennbar an ihrem dünnen Kalkrand) besser wegzubekommen. Aber auch nicht zu feucht, sonst hinterlässt er lauter Minitropfen, die nach dem Trocknen immer noch sichtbar und somit nach unserer Einstufung zu Flecken geworden sind.

Versuche, im Badezimmer besonders genau an Kanten entlangzuwischen und nicht abzusetzen (siehe die Schlangenlinientechnik, die wir im Wohnzimmer gelernt haben), denn ein Schmutzrand schafft es, sowohl auf hellen als auch auf dunklen Fliesen besonders aufzufallen. Falls sich in deinem Bad auch eine Toilette befindet, nicht vergessen, auch unter ihr zu wischen!

Du musst das Badezimmer übrigens nicht zwangsläufig als eine große, in einem Schwung zu putzende Einheit betrachten. Den Boden wirst du sicher hin und wieder gleich mitsaugen, wenn du ohnehin mit dem Staubsauger in der Gegend bist. Und die Flächen rund ums Waschbecken, die öfter in deinem Blickfeld sind, wirst du auch zwischendurch abstauben, wenn sie dir gerade zu schmutzig erscheinen. Alles, was du ohne großen Aufwand zwischendurch erledigen kannst, kannst du schon einmal von deiner Liste streichen.

Wenn Wasser schmutzig macht

Bis jetzt haben wir vor allem mit Wasser geputzt, im Badezimmer wird es plötzlich zu unserem Feind. Denn was sich hier fast ebenso schnell bilden wird wie eine dünne Staubschicht, sind Wasserflecken auf den Armaturen (dort fallen sie am meisten auf) und im Waschbecken (dort fallen sie weniger auf, außer du hast eines aus Edelstahl oder schwarzem Glas). Denn Wasser mag zwar eine klare, durchsichtige Flüssigkeit sein, trotzdem sind darin Stoffe gelöst, die übrig bleiben, wenn das Wasser abgetrocknet ist. Der Stoff, der uns im Bad die meisten Probleme bereitet, ist Kalk.

Wo Wasser, da auch Kalk. In manchen Gegenden mehr,

in anderen weniger. Wie viel es bei dir ist, siehst du bereits wenige Tage, nachdem bei dir geputzt wurde. Kalk kann, wenn er nicht regelmäßig entfernt wird, zu einer echt harten Nuss werden. Dann legt sich eine Schicht schützend über die andere, und bald hilft nur noch heftiges Schrubben. Es lohnt sich also, ihn regelmäßig zu entfernen.

Ein Mikrofasertuch bekommt eigentlich auch leichte Kalkränder weg. Das hängst oder legst du dir am besten immer griffbereit in die Nähe des Waschbeckens, sodass du beispielsweise während des Zähneputzens mit der anderen Hand gleich ein bisschen deinen Wasserhahn polieren kannst.

Bei hartnäckigeren Belägen holst du dir eine Verbündete an deine Seite: Säure. Sie ist, das haben wir schon in der Küche gelernt, die Erzfeindin aller Kalkablagerungen, quasi deren Kryptonit. Auch Badreiniger wirken übrigens vor allem durch die darin enthaltene Säure. Jetzt darf sie zur Hochform auflaufen.

Also gleich mit Badreiniger überall drübergehen? Nein, wir wollen es uns ja so einfach wie möglich machen. Und eigentlich auch so nachhaltig wie möglich. Badreiniger bringen gleich ihre eigene praktische Sprühflasche mit, das ist super. Sie schäumen beim Aufsprühen ein bisschen und bleiben dort haften, wo du sie hinsprühst. Sie kochen aber wie gesagt auch nur mit Säure, tun also dasselbe wie der sehr viel billigere Essig und die nachhaltigere Zitronensäure. Okay, Essig stinkt (vorübergehend), da riecht ein Badreiniger durch die zugesetzten Duftstoffe ... sagen wir: anders. Nicht zwingend angenehmer. Außerdem enthält der Reiniger Konservierungsmittel und meistens auch noch einen Bitterstoff, damit Kinder ihn sofort ausspucken, sollten sie an eine Flasche geraten. Einen solchen Bitterstoff brauchen

Essig und Zitronensäure schon einmal nicht, die werden freiwillig ausgespuckt.

Also: Badreiniger geht natürlich auch, wenn er dir lieber ist, er hat aber keine geheimen Kräfte, die dir das bisschen Arbeit ersparen, das dir im Bad bevorsteht. Und das ist denkbar wenig.

Auch hier musst du darauf achten, von welchem Material du den Kalk lösen willst. Die meisten Edelstahl-Armaturen und Keramik-Waschbecken vertragen den stärkeren Essig gut, nur Gummidichtungen mögen den nicht so besonders. Wenn du dir nicht sicher bist, nimmst du die schwächere Zitronensäure. Solltest du irgendwo unveredeltes Metall sehen, also etwa eine Schraube, dann lass die Säure dort nicht rankommen.

Die Anwendung ist bei beiden gleich. Ein Tuch mit der jeweiligen Säure tränken, Waschbecken und Wasserhahn überall gut damit anfeuchten, bisschen warten, eventuell mit ein bisschen mehr Muskeleinsatz nacharbeiten, vor allem dort, wo es sich noch nicht glatt genug anfühlt, und am Schluss mit einem gut ausgedrückten Mikrofasertuch nachwischen.

Abschüssige Stellen, von denen die Säure immer wieder ablaufen würde, bekommen wie in der Küche eine Essig-Maske. Also einen Lappen oder ein bisschen WC-Papier nehmen, auf die betreffende Stelle legen und mit Essig beträufeln. Eine Netflix-Folge lang vergessen (= Putzen, ohne einen Finger zu rühren!), Maske abnehmen und mit einem feuchten Tuch nachwischen.

An der Schnittstelle, wo dein Wasserhahn auf das Waschbecken trifft, bleibt immer ein Schmutzrand zurück? Dann verpasst du ihm eine Essig- oder Zitronensäure-Krawatte. Dazu verwendest du den Lappen, der ohnehin noch essignass ist, und legst ihn dem Wasserhahn um den Hals. Eine

Viertelstunde später ist es auch dort auf magische Weise viel sauberer.

Fühle den Unterschied! Vorher rau, nachher schön glatt – hoffentlich zumindest. Falls nicht – und das passiert wirklich nur, wenn die Kalkschichten schon zu lange ungestört geblieben sind –, musst du leider noch einmal ran, diesmal vielleicht auch noch unterstützt von der rauen Seite des Geschirrschwamms. Siehst du langsam ein, dass du regelmäßiger hättest putzen sollen? Ist okay, ab sofort wirst du es nicht mehr vergessen.

Bei dieser Gelegenheit sollten sich eigentlich auch alle eingetrockneten Zahnpastareste im Waschbecken verabschiedet haben. Die sind kaum zu vermeiden, außer du versuchst, etwas weniger Zahnpasta auf die Bürste zu streichen. Auch diese Flecken gehen am leichtesten weg, wenn du sie sofort nach dem Zähneputzen mit Nachdruck Richtung Abfluss schiebst.

Das Gleiche gilt – du erkennst sicherlich langsam ein Muster – für Zahnpastaspritzer auf dem Badezimmerspiegel: Wie beim Fensterputzen wischen wir die mit einem gut ausgedrückten, aber eindeutig feuchten Mikrofasertuch weg. Sie lösen sich durch Einweichen mit Wasser. Wenn die Spritzer also schon älter und eingetrocknet sind, wische einfach erst mit einem richtig nassen Lappen (Vorsicht, tropft!) über den Spiegel, warte einen Moment und gehe dann noch einmal mit dem stark ausgedrückten Tuch drüber.

Und in Zukunft wischst du einfach direkt nach dem Zähneputzen kurz über den Spiegel, weil du genialerweise dein Badezimmer-Wischtuch immer griffbereit hast!

Die Dusche

Für die Dusche gilt dasselbe wie für das Waschbecken. Hier geht es jedoch um größere Flächen, und es kommen zwei Spezialwertungen hinzu: der Duschkopf und der Abfluss. Beginnen wir gleich mit Letzterem. Wenn deine Dusche einen herkömmlichen Abfluss hat, bekommst du ein passendes Sieb aus Metall in vielen Super- oder Drogeriemärkten. Das erspart dir das nicht besonders appetitanregende Herumstochern nach den Haaren, die sich aller Wahrscheinlichkeit nach über kurz oder lang im Abfluss sammeln werden. Dank des Haarsiebes ist es ein Handgriff – und der Magen bleibt heil.

Rund um deinen Abfluss werden sich auch Schaumreste vom Duschen und Haarewaschen sammeln. Je länger du sie eintrocknen lässt, umso nerviger sind sie zu entfernen. Vor allem, da sie dann eine Verbindung mit dem Kalk im Wasser eingehen – wir hatten es bereits erwähnt – und dann noch bockiger kleben bleiben. Tu dir selbst einen Gefallen und achte darauf, dass der Schaum komplett im Abfluss verschwunden ist, bevor du das Wasser abdrehst.

Weil überall, wo Wasser ist, auch Kalk ist, ist auch in der Dusche jeder heute übrig gebliebene Wassertropfen die Kalkschicht von morgen. Vorbeugend kannst du dagegen nur eine Sache tun: Die Dusche nach jeder Nutzung trocknen. Es gibt vorbildlich ordentliche Menschen, die sie wirklich jedes Mal mit einem Tuch trocken wischen oder mit einem Duschkabinenabzieher abziehen. Das ist nichts anderes als das Ding, mit dem du an der Tanke das Waschwasser von deiner Windschutzscheibe streifst. Sehr praktisch und wirklich absolut zielführend, aber ob du das wirklich nach jedem Duschen machst? Probier's aus!

Die Alternative: Du gehst einmal pro Woche mit deiner Lieblingssäure an die Kalkbeläge. Eine Sprühflasche (gibt es im Drogeriemarkt, oder du verwendest die leere Flasche eines anderen Reinigungsmittels) hilft dir beim flächendeckenden Auftragen. In die Ecken und vor allem auf die Schnittlinien zwischen Duschwanne und -tür oder -wänden sprühst du ein bisschen gezielter. Hier entsteht gern Schimmel, den wollen wir nicht.

Vergiss dabei nicht, dass du gerade mit Säure hantierst. Die Sprühflasche verteilt Essig oder Zitronensäure zwar wunderbar großflächig, aber auch sehr fein. Mit Aerosolen kennen wir uns alle ja mittlerweile aus, deshalb pass auf, wo deine Augen und deine Nase währenddessen sind.

Nach dem Aufsprühen einwirken lassen, abspülen, mit den Fingern nachfühlen, ob du auch noch mechanisch nachreinigen musst (= wischen oder schrubben), fertig.

Wo sich Kalk nach einigen Wochen oder Monaten wirklich störend auswirken wird, sind die feinen Düsen deines Duschkopfes. Dafür, dass das Zeug kaum sichtbar ist, kann es diese mit Beharrlichkeit und langem Atem irgendwann sogar komplett verstopfen. Bevor du dich nun mit der Sticknadel an die 50 Düsen deines Massage-Brausekopfes machst, holst du wieder deine Säure zu Hilfe. Aber wie bekommst du sie lang genug an den Duschkopf, damit sie in Ruhe ihr Werk tun kann? Trick 1 ist, wieder einen Essiglappen auf die Düsen zu legen. Trick 2 lautet, den Duschkopf auf einen flachen Teller oder einen Suppenteller zu legen, der so hoch mit Essig gefüllt wird, dass alle Düsen unter Wasser stehen. Für Trick 3 steckst du den Brausenkopf in einen Tiefkühlbeutel, füllst den mit Essig und bindest ihn zu. Vorher sicherheitshalber checken, ob deine Brause eventuell aus einem besonders sensiblen Material ist, das keine

Säure mag. Schau jeweils nach einer Stunde wieder vorbei und begutachte das Ergebnis. Danach alles wie gewohnt gut abspülen.

Und nein, leider: Für diesen Problembären gibt es ausnahmsweise keine vorbeugende Maßnahme.

 ## Die Badewanne

Die ist – im Prinzip – putztechnisch ein Traum: große, glatte Flächen, einfach zu wischen. Allerdings auch: große, glatte Flächen, auf denen schon rein rechnerisch viel Staub landen kann und wird. Die gute Nachricht: Aus der Wanne kommt er nur schwer wieder raus. Insofern könnte er also, wenn ohnehin selten gebadet wird, dort auch liegen bleiben. Spätestens vor dem nächsten entspannenden Vollbad musst du dann aber einen Putzdurchgang einrechnen.

Einen Großteil des Staubs kannst du einfach mit der Wannenbrause abspülen. Über den Wannenrand und etwaige Fliesen rundherum wischst du mit deinem feuchten Lappen, und dann ist das Gröbste auch schon erledigt.

Etwas mehr Arbeit hast du nach dem Baden. Denn es wird fast immer ein Schmutz- und/oder Seifenrand übrig bleiben. Glaubst du nicht, weil du ohnehin sauber bist? Dann schau genau hin. Du erkennst mit einem Blick, wie hoch dein Badewasser in der Wanne stand. Wenn du ein Badeöl verwendet hast, ist die Sache noch offensichtlicher.

Und ja, dieser Tipp wird langsam langweilig, stimmt aber auch hier: Wenn du den Rand sofort nach dem Bad wegwischst, also bevor er festtrocknen konnte, geht er viel leichter weg. Leg dir, bevor du in dein Schaumbad sinkst, einfach nicht nur dein Badetuch, sondern auch dein Mikrofasertuch bereit. Damit kannst du, während du dich noch in der Wanne abtrocknest, gleich einmal rundherum wischen. Sobald das Wasser abgelaufen ist, auch noch den übrigen Schaum wegspülen, erledigt.

Wenn es eine Nummer gründlicher sein darf oder muss, hast du die Wahl zwischen Säure und Seifenreiniger. Sieht die Wanne verkalkt aus, sprüh sie mit Essig ein, lass den einwirken, spül ihn ab und wische dann mit einem Mikrofasertuch nach. (Ohne Schuhe und Socken in der Wanne stehend oder kniend geht das etwas rückenschonender.) Geht davon der eingetrocknete Schmutz nicht weg, hol dir einen Putzschwamm ohne oder nur mit einer sanften rauen Seite sowie einen Seifenreiniger. Jetzt wird's etwas mühsamer, weil du wirklich jeden Quadratzentimeter bearbeiten musst. Denn nichts würde dich nachher, wenn du alles abgespült und trocken gewischt hast, mehr ärgern als diese eine Stelle, die du übersehen hast.

Am Schluss kommt wieder die Qualitätskontrolle mit den Fingern: Alles glatt, das glatt sein soll? Wunderbar!

Was sonst noch im Bad zu tun ist

Bis jetzt haben wir uns um alles fest Eingebaute gekümmert. Aber in einem Badezimmer gibt es ja auch noch diverses anderes, das schmutzig wird.

Die Handtücher wollen auch hin und wieder gewaschen werden. Es gibt Experten, die dazu raten, sie nach jeder dritten Verwendung in die Wäsche zu geben, weil sich darin oben erwähnte Hautschüppchen, aber auch Bakterien und andere körperliche Hinterlassenschaften sammeln, die auch beim gründlichsten Duschen nicht ganz weggehen. Wenn dir das übertrieben vorkommt (du bist es schließlich, der/ die diese Handtücher an sich ranlässt), können wir uns vielleicht wenigstens auf einen wöchentlichen Wechsel einigen. Vorausgesetzt, du teilst dein Handtuch nicht mit anderen Menschen.

Da auch Textilien schimmeln können, wenn sie zu lange feucht bleiben, müssen Handtücher immer so aufgehängt werden, dass sie nach jeder Dusche und jedem Händewaschen komplett durchtrocknen können. Bakterien lieben Feuchtigkeit übrigens ebenfalls.

Was lässt du noch direkt an deinen Körper? Deine Haarbürste oder deinen Kamm, zum Beispiel. Die sammeln bei jedem Striegeln Haarschuppen und Kopfhautfett ein, dazu kommt noch der Staub aus den Haaren und jene Partikel, die im Badezimmer (siehe oben) überdurchschnittlich häufig herumschweben. Wenn du deine Bürste nicht regelmäßig wäschst, sind deine Haare bald nach dem Kämmen schmutziger als vorher.

Die Langhaarigen unter uns werden schon automatisch nach jeder Verwendung die losen Haare aus der Bürste in den Müll geben. Kurzhaarige übersehen jedoch leicht, was sich zwischen den Borsten schon so alles an Pelz angesammelt hat. Ihn bekommt man mit einem dünnen, stiftähnlichen Gegenstand, mit dem man die Bürste Borstenreihe für Borstenreihe abfährt, am besten wieder heraus. Das machst du logischerweise über dem Abfalleimer oder, wenn du ein Haarsieb in deinem Waschbecken hast, auch dort. (Abfalleimer ist aber besser.)

Alle ein bis zwei Monate gönnst du deiner Bürste ein Schaumbad in deinem Waschbecken. Bisschen Shampoo in warmem Wasser auflösen, Bürste hineinlegen und sanft hin und her schwenken. Ist sie aus Kunststoff, darf sie auch noch ein bisschen einweichen, bei Holzbürsten musst du aufpassen, dass das Holz nicht aufquillt, weshalb sie nur kurz im Wasser liegen sollte.

Nach dem Schaumbad versuchst du, so viele der übrigen Haare wie möglich herauszukriegen, dann mit klarem Wasser abspülen und trocknen lassen.

✧✧ **Wenn du dir angewöhnst, Haar- oder auch Bartbürsten immer mit den Borsten nach unten zu lagern, stauben sie schon einmal ein bisschen weniger ein.**

Einer der wichtigsten Gegenstände für die Körperhygiene, der nicht nur an, sondern sogar in deinen Körper darf, ist die Zahnbürste. Hier ist endgültig Schluss mit lustig. Eine alte, ungepflegte Zahnbürste gehört zum Ekelhaftesten, was sich in deiner Wohnung befinden kann. Ein Wunder, dass darüber noch keine Horrorfilme gedreht wurden! Zahnbürsten, egal ob old school oder elektrisch, sollten nach jedem Gebrauch unter klarem Wasser gut ausgespült werden. Danach ausschütteln, damit überschüssiges Wasser entfernt wird, und so lagern, dass sie gut trocknen können. Denn auch hier lieben Bakterien Feuchtigkeit.

Zahnärztinnen und Zahnärzte raten dazu, die Bürste auszutauschen, sobald ihre Borsten nachhaltig verbogen sind, spätestens aber alle drei Monate. All jene Menschen, die dir sehr nahe kommen sollen, wären aber sicher auch für kürzere Intervalle dankbar.

Und wo wir gerade drüber sprechen: Verwendest du einen Zahnputzbecher? Wann durfte der zuletzt in den Geschirrspüler?

Ohne diese Handgriffe solltest du das Bad nie verlassen:

✗ Schaum in Dusche/Badewanne weggespült
✗ Haarsieb gereinigt
✗ Zahnbürste ausgewaschen und ausgeschüttelt
✗ Haare aus der Bürste entfernt

 Die Qualitätskontrolle

Deine Fingerspitzen verraten dir auch hier, ob du gründlich geputzt hast. Auf glatten Oberflächen finden sie den Staub, den du übersehen hast, im Waschbecken erfühlen sie noch Kalkablagerungen. In der Dusche übernehmen deine Fußsohlen einen Teil des Check-ups. Die merken schnell, ob Kalk und Seifenreste restlos weg sind. Wenn deine Zehen sich weigern, dem Abfluss zu nahe zu kommen, hast du ja auch schon deine Antwort.

Wieso du hier putzen solltest

Weil dieser Raum deiner Reinigung dient und du nicht schmutziger rauskommen willst, als du hineingegangen bist.

ARBEITSPLAN BADEZIMMER

1. Wie oft wollen wir hier feucht über die Oberflächen wie Waschtische, Ablagen und Spiegel wischen?

- ▪ 1x pro Woche
- ▪ 2x pro Woche
- ▪ _____

Wer achtet drauf? _____

Wer macht's? _____

2. Wie oft wollen wir hier staubsaugen?

- ▪ 1x pro Woche
- ▪ 2x pro Woche
- ▪ In einem anderen Rhythmus, nämlich
  _____

Wer achtet drauf? _____

Wer macht's? _____

3. Wie oft wollen wir hier den Boden wischen?

- 1x pro Woche
- 2x pro Woche
- In einem anderen Rhythmus, nämlich

_____

Wer achtet drauf? _____

Wer macht's? _____

4. Wie oft wollen wir die Handtücher wechseln?

- 1x pro Woche, am besten jeden _____
- In einem anderen Rhythmus, nämlich

_____

Wer achtet drauf? _____

Wer macht's? _____

5. Wie oft wollen wir die Badematten waschen?

- 1x pro Woche, am besten jeden _____
- alle 2 Wochen, also jeden zweiten _____
- In einem anderen Rhythmus, nämlich
  _____

Wer achtet drauf? _____

Wer macht's? _____

6. Wie oft wollen wir die Dusche putzen?

- 1x pro Woche
- 2x pro Woche
- In einem anderen Rhythmus, nämlich
  _____

Wer achtet drauf? _____

Wer macht's? _____

7. Wie oft wollen wir die Badewanne putzen?

- 1x pro Woche
- 2x pro Woche
- In einem anderen Rhythmus, nämlich

  _____

Wer achtet drauf? _____

Wer macht's? _____

8. Wie oft wollen wir hier das Fenster putzen?

- _____ x pro Jahr
- Wenn _____ sagt, dass es geputzt gehört.

Wer achtet drauf? _____

Wer macht's? _____
(mehrere Namensnennungen möglich)

9 Das Schlafzimmer oder: Schlafen, dass es nur so staubt

Wozu das Schlafzimmer putzen, wenn man es doch ohnehin nur die Hälfte des Tages benutzt – und da hat man auch noch die Augen zu! Gute Frage, dann gehe doch einmal in die Knie und fahre mit der Hand über den Boden unter deinem Bett. Frage beantwortet?

Neben dem Bad ist das Schlafzimmer jener Raum, der am schnellsten einstaubt. Wenn es im Badezimmer nur vergleichsweise kleine Textilien sind, die bei jeder Handhabung Faserchen verlieren, haben wir es bei der Bettwäsche mit riesigen Lappen zu tun. In denen drehen wir uns pro Nacht Schätzungen zufolge acht- bis zwölfmal um. Jede Drehung verursacht ein bisschen Abrieb, der sich in die Lüfte erhebt, irgendwo im Zimmer sachte niedersinkt und dort gern bei jedem Schritt wieder aufgewirbelt wird.

Zusätzlich ziehen sich die meisten von uns im Schlafzimmer aus oder um und sammeln hier ihre Schmutzwäsche. Also viel Textilverkehr!

Wie viel Staub im Schlafzimmer täglich anfällt, sieht man am besten, wenn man hier einen Saugroboter freilässt, der vor allem nicht erst in die Knie gehen muss, um unter dem Bett zu saugen. Selbst wenn er jeden zweiten Tag unterwegs ist, bringt er sichtbar Ertrag zurück. Wir lernen: Die Frequenz, mit der wir im Schlafzimmer staubsaugen und wischen sollten, ist locker doppelt so hoch wie im Wohnzimmer.

Auf jeden Fall solltest du möglichst zeitnah nach dem Tag, an dem du die Bettwäsche wechselst, staubsaugen. Denn dabei fallen nicht nur die meisten Textilfasern an, du schüttelst beim Betten-Abziehen auch ungewollt all die Hautschüppchen ab, die sich während des Schlafens auf dem Laken gesammelt haben.

✧✧ Versuche, beim Bettwäsche-Wechseln vor allem das Laken so abzuziehen, als wäre unsichtbarer Sand drauf, den du mit dem Laken sammeln und dann aus dem Fenster schütteln wolltest. So bist du schon einmal einen guten Teil an Staub und sonstigen Hinterlassenschaften los. (Vorsicht, falls die Nachbarn darunter gerade die Fenster offen haben...)

Wieso du hier putzen solltest

Auch wenn du den Staub unter deinem Bett nicht siehst, lauert er doch dort und sammelt mit jedem Tag mehr Kraft, bis er eines Tages hervorgerollt kommt, wenn du deine Wohnung durchlüftest. Dieser Staub ist sozusagen die Leiche, die du in einem See versenkt hast und die garantiert im ungeeignetsten Moment wieder auftaucht. Beides kein schöner Anblick.

Clean as you go, die Schlafzimmer-Variante

Wir gehen davon aus, dass sich dein Kleiderschrank im Schlafzimmer befindet und dass du dich dort abends oder nach dem Nach-Hause-Kommen entkleidest, um in etwas Bequemeres zu schlüpfen. In diesem Moment hast du zwar keinen Bock auf Zusammenlegen, Aufhängen, Wegräumen, aber versuch es trotzdem. Wir betrachten dies erneut nach Effizienz-Kriterien, und die besagen: Wenn du ein Kleidungsstück schon einmal in der Hand hast (weil du es gerade ausgezogen hast), ist es weniger Aufwand, es gleich auf den Bügel zu hängen, in die Kommode zu räumen oder zur Schmutzwäsche zu geben (1 Handgriff), als es auf einem Zwischenlager zu deponieren, irgendwann von dort wieder aufzunehmen und erst dann wegzuräumen (in Summe 3 Handgriffe).

Ein weiteres Argument fürs Gleich-Wegräumen: Wenn sich erst ein Kleiderberg angesammelt hat, ist die psychische Hürde, ihn wieder abzutragen, viel größer. Was eigentlich eine kaum spürbare tägliche Angewohnheit sein könnte, wird zur Aufgabe, für die du dir erst mühsam Zeit nehmen musst.

Räumst du hingegen alles sofort weg, vergeudest du garantiert auch weniger Zeit mit der Suche nach diesem einen Hemd, das du heute unbedingt tragen wolltest und das du, wenn du es erst einmal aus dem Kleiderberg heraufgetaucht hast, leider doch direkt in die Schmutzwäsche geben musst, weil es völlig zerknittert ist und wahrscheinlich auch noch müffelt. Versuche es eine Woche lang, und stell vielleicht auch den berühmten Abwurf-Stuhl, den es in fast jedem Schlafzimmer gibt, für diese Woche in den Abstellraum, damit er dich nicht in Versuchung führt. Du wirst merken: Es birgt nur Vorteile.

Übrigens: Auch Kleidung kann schimmeln. Und zwar, wenn sie irgendwo zu lange und zu feucht so gelagert wird, dass sie nicht ausreichend trocknen kann. Das droht feuchten Handtüchern, die zusammengeknüllt in der Schmutzwäsche landen, ebenso wie durchgeschwitzter Sportkleidung. Wenn sich in deinem Haushalt auch andere Menschen als du um die Wäsche kümmern, gebietet es schon die Nächstenliebe, diese Teile erst trocknen zu lassen. Besonders raffiniert und effizient funktioniert das, indem du sie ausgebreitet über den Rand des Wäschekorbs hängst.

ARBEITSPLAN SCHLAFZIMMER

1. Wie oft wollen wir hier Staub wischen?

- 1x pro Woche
- alle 2 Wochen
- _____

Wer achtet drauf? _____

Wer macht's? _____

2. Wie oft wollen wir hier staubsaugen (inklusive unter dem Bett)?

- 1x pro Woche
- 2x pro Woche
- In einem anderen Rhythmus, nämlich _____

Wer achtet drauf? _____

Wer macht's? _____

3. Wie oft wollen wir die Bettwäsche wechseln?

- 1x pro Woche,
  am besten jeden _____
- alle 2 Wochen,
  also jeden zweiten _____
- In einem anderen Rhythmus,
  nämlich _____

Wer achtet drauf? _____

Wer macht's? _____

4. Wie oft wollen wir hier die Fenster putzen?

- _____ x pro Jahr
- Wenn _____ sagt, dass sie geputzt gehören.

Wer achtet drauf? _____

Wer macht's? _____
(mehrere Namensnennungen möglich)

5. Wie oft wollen wir die Vorhänge waschen?

- _____ x pro Jahr

Wer achtet drauf? _____

Wer macht's? _____

6. Wie oft wollen wir Kissen und Bettdecke in die Reinigung bringen?

- alle _____ Jahre (_____ trägt's im gemeinsamen Familienkalender ein)

10 Wäsche waschen

Waschmaschine

Um gleich einmal die größten Mythen rund ums Wäschewaschen zu eliminieren: Eine Waschmaschine ist nicht
komplizierter zu bedienen als ein Auto. Man braucht dafür
kein Geheimwissen, du kannst − mit ein bisschen Aufpassen − nicht viel falsch machen, und es ist, sobald du den
Prozess einmal verinnerlicht hast, wirklich logisch und einfach. Allerdings ist es nicht mit Wäsche-in-Maschine-Wer-
fen getan. Genau genommen ist ein Waschzyklus erst dann
beendet, wenn die saubere Kleidung wieder im Schrank
hängt oder liegt. Nur damit du mental vorbereitet bist.

Beim Wäschewaschen kommt es im Prinzip auf zwei
Faktoren an: Farbe und Temperatur. Farbe − davon hast
du schon einmal gehört −, weil das rote Handtuch nicht
gemeinsam mit der weißen Bettwäsche in die Maschine
darf. Temperatur, weil nicht alle Gewebe jede Temperatur
vertragen. Zumindest den zweiten Faktor hat der Klima-
wandel stark vereinfacht. Klingt verwirrend, erörtern wir
aber gleich.

Jedes Wäschewaschen beginnt damit, dass du deinen
Wäscheberg sortierst. Dabei gehst du jedoch nicht vor wie
mein junger Freund Oskar, der eines Tages seiner Mutter
am Telefon stolz verkündete, dass er gerade am Wäschewaschen sei und die Schmutzwäsche auch brav getrennt habe:

»In deine Sachen, meine Sachen und Papas Sachen.« (Sein Papa trug zu seinen weißen Arztkitteln übrigens bevorzugt schwarze Jeans …)

Nein, du trennst nach Farben. Alles Weiße kommt nach links, alles Bunte nach rechts. Dann siehst du dir den bunten Haufen genauer an. Ist etwas stark Gefärbtes dabei? Ein schwarzes T-Shirt? Ein dunkelgrünes Handtuch? Vielleicht auch noch frisch gekauft und nicht oft gewaschen? Liegt auf demselben Kleiderberg vielleicht auch ein zartes hellgelbes T-Shirt oder ein hellrosa Hemd? Deshalb sortierst du den bunten Berg sicherheitshalber noch einmal in Hellbunt und Dunkelbunt.

Du musst dir einfach nur vorstellen, dass alle Teile auf demselben Berg gleich triefnass mindestens eine Stunde miteinander in der Waschmaschine verbringen werden. Die Frage, die du dir also immer stellen musst, lautet: Wer kann wem etwas antun?

Neue Kleidungsstücke verlieren bei den ersten Wäschen die meiste Farbe. Das wird mit jedem Mal weniger. Die Gefahr, unbeabsichtigt etwas Unschuldiges umzufärben, nimmt also im Laufe der Zeit ab. Trotzdem solltest du auch fünf Jahre alte schwarze Hemden nicht gemeinsam mit deinen weißen Handtüchern (oder Arztkitteln) waschen, zumindest nicht zu oft. Einmal geht, bei zweimal werden die Handtücher sicher auch noch nichts sagen. Aber bereits nach dem fünften Mal werden sie sich mit einem leichten Graustich bedanken, den du nur noch mit Bleichmittel rausbekommst. Das liegt auch daran, dass in Buntwaschmitteln (im Gegensatz zu Vollwaschmitteln) keine Aufheller enthalten sind.

Wenn es dir irgendwann zu mühsam wird, vor jedem Waschen den ganzen Kleiderberg erneut durchzusortieren, vielleicht auch deshalb, weil ihr eine sechsköpfige Familie seid und du aus dem Sortieren nicht mehr rauskommst, überlege dir, ob du nicht gleich mehrere Sammelbehälter für Schmutzwäsche installieren möchtest. Dann gibt es einen für weiße Wäsche, einen für hellbunte und einen für dunkelbunte, bereits fertig sortiert. Und du siehst auf einen Blick, in welcher Kategorie es den dringendsten Handlungsbedarf gibt.

Wichtig: Lerne deine Wäsche kennen! Was Baumwolle ist, erkennst du – im wahrsten Sinne des Wortes – blind. Wenn du dir bei einem Teil unsicher bist, checke unbedingt das eingenähte Pflegeetikett. Du wirst bald intus haben, was nur chemisch gereinigt werden und was zu Hause bleiben und bei 60 Grad mit darf. Heiklen Sachen wie etwa deiner Seidenbluse opferst du einfach ein paar Minuten deiner Freizeit und wäschst sie mit der Hand. Sicher ist sicher.

Der Rest kommt, frisch sortiert, in die Maschine. Dabei kontrollierst du sicherheitshalber noch einmal alle Taschen, damit weder Papiertaschentücher noch Kleingeld in die Waschtrommel geraten. Moderne Papiertaschentücher halten zwar dank irgendeiner genialen Technologie sogar komplette Waschgänge aus, ohne sich in winzigen Fusseln auf die gesamte Wäsche zu legen, aber du willst es trotzdem nicht riskieren.

Bei der Waschmaschine gilt wie beim Geschirrspüler, dass sie aus Energiespargründen nur voll laufen sollte. Was ist voll? Wenn du deine Hand noch locker hochkant zwischen Wäscheberg und Trommeldecke bekommst. Zu leer, und du verschwendest wertvolle Ressourcen, zu voll, und die Kleidung kann sich in der Trommel nicht ausreichend bewegen und wird nicht richtig sauber.

Um nicht unnötig für Verwirrung zu sorgen, und unter der Annahme, dass du nicht ausschließlich Lack und Leder trägst, wird das richtige Programm vermutlich meist dasselbe sein: eines für Baumwolle. Die Bedienungsanleitung deines Geräts erklärt dir aber sicher gern alle anderen Programme, die für Spezialfälle ganz praktisch sein können. Beispielsweise, wenn du dein tolles Stella-McCartney-Wolltop waschen willst, ohne dass es nachher deiner kleinen Nichte passt. Wahre Geschichte.

Die Programme unterscheiden sich unter anderem durch die Menge an Wasser, die sie verbrauchen (Wolle: viel Wasser, um die Fasern zu schonen), die voreingestellte Temperatur sowie die Schleudertouren (Feinwäsche: kein Zwischenschleudern, ebenfalls im Interesse des empfindlichen Gewebes).

Als Nächstes stellst du die Temperatur ein: Für alles Bunte wählst du die niedrigste Einstellung: 30 Grad. Vom Standpunkt der Nachhaltigkeit gesehen und wenn es in deinem Haushalt gerade keine (durchfall-)kranken Menschen gibt, kannst du deine gesamte Wäsche bei dieser Temperatur waschen (sagt auch die Hamburger Verbraucherzentrale). Je kühler, desto stromsparender und desto fasernschonender. Entsprechend länger halten deine Sachen, was wiederum – zusätzlich zu dem Strom, den du gerade beim Waschen sparst – auch all jene Ressourcen schont, die sonst für die Herstellung neuer Klamotten aufgewendet werden.

Die einfache Antwort auf die vermeintlich komplizierte Temperaturfrage ist also: Mit 30 Grad liegst du so gut wie nie falsch. Ja, sogar für Unterwäsche und Handtücher. Du wirst es überleben!

Was du nicht brauchst, sind Hygiene- oder Weichspüler, auch hier gibt mir die Verbraucherzentrale recht. Sie enthalten Stoffe, die den Mikroorganismen in Kläranlagen und Gewässern schaden können. Bevor du das Gefühl hast, mit einem solchen Mittel auf Nummer sicher gehen zu müssen, wasche lieber (hin und wieder) bei 60 Grad. Diese Temperatur genügt laut Robert-Koch-Institut übrigens auch in Pandemiezeiten.

Eine 60-Grad-Maschine solltest du auf jeden Fall ungefähr alle zwei Wochen laufen lassen, damit sich etwaige Krankheitserreger in der Waschmaschine nicht allzu fröhlich vermehren können. Für diese Temperatur eignet sich vermutlich deine weiße Wäsche, und du kannst auch gleich die Küchen-Mikrofasertücher, die sich über die vergangenen Tage angesammelt haben, einmal etwas heißer mitwaschen.

Bei den Schleudertouren gilt dasselbe wie beim Autofahren: Zu hochtourig ist nie gut. Jedes Schleudern greift ein bisschen die Fasern an, jeder Gang höher verstärkt den Verknitterungsfaktor, weil die Wäsche stark an die Trommelwand gepresst wird. Outdoorkleidung mit Membranen kann durch zu schnelles Schleudern sogar Schaden nehmen. Allerdings bleibt bei weniger Schleudertouren mehr Wasser in der Wäsche, die dann länger braucht, um trocken zu werden, und zwar egal, ob auf der Leine oder im Trockner. Es gibt also nicht die perfekte Einstellung, sondern die, die du am besten findest. Merk dir einfach: Es muss nicht immer volle Pulle sein, deine Maschine darf auch gern einen Gang zurückschalten.

An Waschmitteln genügen dir in der Regel zwei Sorten: eines für weiße Wäsche, das auch Bleichmittel und Aufheller enthält, dir deshalb jedoch aus deinen bunten Sachen die Farbe rauswaschen würde, weshalb du für die ein Farbwaschmittel wählst. Wenn du viele Wollsachen besitzt, kannst du darüber hinaus über die Anschaffung eines entsprechenden Spezialwaschmittels nachdenken, muss aber nicht sein.

Das Waschmittel gemäß den Herstellerangaben und der lokalen Wasserhärte dosieren und ab geht's.

Auch bei Textilien gilt übrigens: In feuchtem Zustand lässt sich Schmutz in den allermeisten Fällen leichter entfernen. Je unmittelbarer nach der Tat du den Rotweinfleck mit warmem Wasser auswäschst oder aus dem Teppich tupfst, umso besser geht er raus. Den Trick mit dem Salz vergiss dabei einfach, der gehört schon längst zu den Putz-Mythen. Alles Eiweißhaltige, also auch Blut, sofort mit kaltem Wasser auswaschen, danach kommt das Teil in die Waschmaschine. Und auch robustere Flecken müssen kein Todesurteil für ein Kleidungsstück sein. Probiere es mit einer Vorbehandlung mit Gallseife oder mit einem für den Fleck extra entwickelten Fleckenlöser. Beides bekommst du im Drogeriemarkt.

✧ Selbst wenn deine Waschmaschine klingelt, piepst oder jodelt, sobald sie fertig ist: Stell dir einen Timer! Vor allem dann, wenn sie in einem anderen Raum oder gar im Keller steht, aber nicht nur dann. Denn selbst Profis vergessen oft ihre gewaschene Wäsche. Und zwar so oft, dass ein sehr weiser Mensch etwa für das iPhone bereits ein vorinstalliertes Widget programmiert hat, das dich nach Ablauf der eingegebenen Zeit erinnert. Beim Einstellen am besten fünf Minuten auf die offizielle Dauer des Waschprogramms draufschlagen, viele Waschmaschinen lügen nämlich wie gedruckt.

Wenn die Wäsche gewaschen ist, ist der Hausarbeitspunkt »Wäschewaschen« damit aber bei Weitem noch nicht beendet. Zwei (bis drei) Etappen fehlen noch.

Besitzt du einen Wäschetrockner, füllst du jetzt die Wäsche um und wählst das entsprechende Programm, etwa »bügeltrocken«, wenn du direkt danach die noch leicht feuchten Teile bügeln willst, oder »schranktrocken«, wenn es Sachen sind, die nicht gebügelt werden müssen. Möglichst gleich nach dem Ende des Programms die Wäsche herausnehmen und wegräumen, dann knittert sie am wenigsten.

Oder du beschließt, dir die nicht unerheblichen Strom- und noch höheren Anschaffungskosten für einen Wäschetrockner zu sparen und die Luft alle Trockenarbeit erledigen zu lassen.

Team Wäschetrockner wird jetzt die Hände über dem Kopf zusammenschlagen und sagen: »Aber die Wäsche wird bei uns schneller trocken! Und so schön weich! Und wir müssen viel weniger bügeln! Und die Wohnung schimmelt nicht so leicht! Und die Platzersparnis! Und haben wir schon weich erwähnt?«

Stimmt alles, vor allem für mehrköpfige Familien. Für alle anderen nur zum Teil. Die kurze Version lautet: Man kann auch ohne Wäschetrockner überleben, und das, ganz ohne an Komfort einzubüßen. Lufttrocknen kostet vielleicht etwas mehr Zeit, dafür viel weniger Geld. Außerdem wird die Kleidung nicht noch weiterer Beanspruchung ausgesetzt. Und es gibt, wie immer, Tricks, die alles erleichtern.

 **Trockner**

Lass uns die Argumente von Team Wäschetrockner der Reihe nach durchgehen:

»Aber die Platzersparnis!«

Einen Wäscheständer wirst du vermutlich auf jeden Fall im Haus haben, schon allein für alles, das nicht in einen Trockner sollte, beispielsweise empfindliche Textilien wie Seide oder Wolle. Es gibt Wäscheständer, die an Grundfläche nicht mehr Platz verbrauchen als der motorisierte Kollege, und wenn sie hoch genug sind, kannst du an ihnen auch Bettwäsche aufhängen.

»Aber so schön weich!«

Vor allem Handtücher werden im Trockner weicher, das stimmt. Aber mit einem einfachen Trick (und ein bisschen Armmuskeltraining) bewahrst du sie vor der sogenannten Trockenstarre, also jenem Zustand, der bewirkt, dass man manche Handtücher nach dem Lufttrocknen schon fast an die Wand lehnen kann. Schüttle alle Textilien kräftig aus, nachdem du sie aus der Waschmaschine genommen hast. Lass es ordentlich schnalzen! Das lockert die Fasern auf und sorgt dafür, dass selbst Handtücher ohne Weichspüler und Wäschetrockner hautfreundlich bleiben.

Wenn du die Möglichkeit hast, Wäsche im Freien zu trocknen: noch besser! Dann ist der Wind dein Weichspüler, indem er alles während des Trocknens leicht in Bewegung hält.

Dieses Ausschütteln, auch Ausschlagen genannt, sorgt bei Kleinteilen wie Socken, die meist recht zusammengeknüllt aus der Maschine kommen, auch gleich dafür, dass du sie glatt und ordentlich aufhängen kannst. Jetzt ein paar Sekunden zu opfern und sie immer gleich paarweise zu gruppieren, spart dir beim Wegräumen das nervige Socken-Memory-Spiel.

Bei dieser Gelegenheit wollen wir endlich das Mysterium der von der Waschmaschine gefressenen Socken lösen. Die kleinen Mistdinger verstecken sich liebend gern in mitgewaschenen Bettbezügen oder in der Türdichtung der Maschine. Dort findest du auch das Kleingeld, das nun endlich wirklich sauber ist.

Teile aus derselben Wäschekategorie, beispielsweise Unterhosen, drehst du alle auf rechts und legst sie so auf den Wäscheständer, dass sie alle in die gleiche Richtung sehen. Dann musst du beim Abnehmen nur eine nach der anderen von der Leine pflücken, stapeln oder falten und ab in die Schublade damit. Faule hängen die Wäsche einfach so, wie sie aus der Maschine kommt, auf die Leine. Kann man schon machen. Ist dann aber halt hässlich.

Noch ein bisschen mehr Effizienz gefällig? Wenn in deiner Wohnung nicht ständig Windstärke 5 herrscht (oder eine Katze), kannst du aufs Festklammern der Wäsche verzichten.

»Aber es geht so viel schneller!«

Jein. Die Wäsche wird schneller trocken, das schon, aber du solltest sie gleich aus dem Trockner nehmen, wenn der fertig ist, sonst zerknittert sie. Also alles eine Frage des Timings. Mit ein bisschen Planung kriegst du das aber auch ohne Trockner hin. Denn deine Waschmaschine hat wahrscheinlich einen eingebauten Timer. Wenn nicht, kauf dir eine Zeitschaltuhr. Die programmierst du so, dass die Maschine entweder morgens loslegt, wenn bei dir (und den Nachbarn unter dir!) der Wecker läutet, oder abends fertig ist, wenn du gerade nach Hause kommst. Das Aufhängen einer durchschnittlichen Fünf-Kilo-Maschine dauert zehn Minuten, Socken-Memory inklusive. Diese zehn Minuten sollten sogar morgens drin sein, abends auf jeden Fall. Zwölf Stunden später ist die Wäsche trocken und kann abgenommen werden, sodass der Wäscheständer wieder frei für die nächste Ladung ist. So kannst du jeden Wäscheberg während der Woche kontinuierlich abbauen und musst am Wochenende keinen Kraftakt stemmen.

Disclaimer: Die Version mit der Frühmaschine gilt selbstverständlich nur für jene Menschen, die morgens nur sich selbst und nicht auch noch zwei bis vier Kinder alltagsfertig bekommen müssen.

Vorsichtige Menschen sowie dein Versicherungsmakler werden jetzt einwenden, dass man keine Maschine unbeaufsichtigt laufen lassen sollte. Stimmt. Aber deshalb hast du eine Maschine mit Aqua-Stopp oder Vollwasserschutz, die automatisch erkennt, wenn etwas falsch läuft. Zusätzlich gibt es große Kunststofftassen, in die man die Waschmaschine stellen kann und die auslaufendes Wasser auffangen, bis die Sicherheitssysteme einschreiten. Und ganz ehrlich: Würdest du merken, dass deine Maschine ausläuft, wenn du im Nebenzimmer in dein Buch versunken bist?

»Aber der Schimmel!«

Korrekt, schimmelnde Wände oder Zimmerecken sind in vielen Wohnungen ein Problem. Deshalb ist das Badezimmer nicht immer der ideale Ort zum Wäschetrocknen, auch wenn du sonst wenig Platz hast. Im Sommer wirst du aber die Fenster ständig gekippt haben, und im Winter wird ohnehin mindestens zweimal pro Tag Stoßlüften empfohlen, um die Feuchtigkeit, die ein Mensch auch ohne trocknende Wäsche von sich gibt, abzuführen.

»Aber viel weniger zu bügeln!«
Auch ein eindeutiges Jein. Wenn man die Sachen noch warm aus dem soeben fertig gewordenen Trockner holen kann, dann ja. Aber durch intelligentes Aufhängen spart man sich mindestens genauso viel Bügelarbeit. T-Shirts, Hemden und Blusen kommen einfach auf Kleiderbügel, am besten solche aus Kunststoff oder lackiertem Holz, die keine Flecken hinterlassen können. Wichtig ist, dass die Bügel abgerundet sind und in den Schultern keine Dellen oder Kanten hinterlassen. Wenn dein Wäscheständer zu niedrig ist, um Hosen in voller Länge festzuklammern, fädelst du einen Drahtbügel durch zwei Gürtelschlaufen und suchst dir einen Platz in der Wohnung, wo du sie ohne Knick aufhängen kannst (siehe ✧-Tipp). Alle Kleidungsstücke vorher ebenfalls gut ausschlagen und auf dem Bügel ordentlich zurechtzupfen. Und siehe da: T-Shirts kannst du direkt vom Bügel wieder anziehen, weil die letzten Fältchen von deinem Körper geglättet werden, und Hemden musst du entweder kürzer bügeln oder überhaupt nicht. Die hängst du mitsamt ihrem Trockenbügel direkt in den Kleiderschrank und hast wieder zwei Handgriffe gespart.

✧ Bettlaken und Deckenbezüge sind zugegebenermaßen ein bisschen mühsam an der Luft zu trocknen. Bei so vielen Quadratmetern Stoff wird's auf dem Wäscheständer schnell eng. Überlege dir doch einmal, ob du in deiner Wohnung irgendwo eine unauffällige Wäscheleine spannen kannst, vielleicht zwischen einem Türstock und einem Fenster? Ideal wären eine Höhe, an die du ohne Hilfsmittel gerade noch herankommst

(Stretching!), und ein Raum, der während des Wäschetrocknens selten benutzt wird, etwa das Schlafzimmer tagsüber. Dort eine dünne Schnur spannen – weißes Küchengarn reicht absolut aus und ist kaum zu sehen – und du kannst deine Bettwäsche und große Handtücher ohne Abknicken aufhängen. Morgens aufgehängt ist abends alles bereits trocken, noch schneller geht's, wenn du für einen leichten Luftzug sorgen kannst. Alternativ kannst du sie über Türen hängen, dann aber bitte auf jeden Fall vorher die Türoberkanten reinigen!

Das Ideale an diesem Trick: Du hast den gesamten Wäscheständer frei für die Kleinteile, und die Bettwäsche ist schön glatt und ausgehängt und muss nur noch zusammengelegt und weggeräumt werden. Das Leben ist einfach zu kurz für unnötige Bügelarbeit.

Wie legt man eigentlich ein Spannbettlaken zusammen?

Variante 1: Du knödelst es zu einem großen Ball zusammen, der nach deinem sorgsamen Aufhängen zum Trocknen wieder ordentlich Falten reindrückt und außerdem in keine Schublade passt.

Variante 2 (psst, die richtige!): Lege erst die beiden unteren Ecken über- oder besser ineinander auf deine rechte Hand und dann die beiden oberen auf deine linke. Das geht im Stehen, ohne dass du es aufwendig irgendwo auflegen müsstest. Einfach die Ecken deckungsgleich über die Fingerspitzen legen. Jetzt hast du es schon einmal zur Hälfte gefaltet. Nun führst du beide Hände (mit jeweils zwei Ecken) zusammen, stülpst die einen Ecken über die anderen und hast das Laken somit bereits geviertelt. Den Rest noch einmal glatt schütteln und dann unter Beibehaltung der Ecken-Deckung weiter so lange zusammenlegen, bis es in deine Schublade oder deinen Schrank passt.

Das absolut größte Geheimnis der Spannbettlaken? Das Etikett zeigt, wenn du vor dem Bett stehst, immer an, wo die rechte untere Ecke hingehört. Oder sollte das zumindest. Leider scheinen nicht alle Herstellerfirmen dieses Memo bekommen zu haben.

Der letzte Akt des Wäschewaschens ist das Abnehmen, Zusammenlegen und Wegräumen der Wäsche. Je ordentlicher und sortierter du sie aufgehängt hast, umso schneller geht das. Die Socken kannst du gleich paarweise stapeln, die Unterhosen musst du nur noch aufeinanderlegen.

Die Waschmaschine solltest du nach dem Ausräumen immer offen stehen lassen, damit der Innenraum möglichst gut trocknen kann, sonst droht auch hier wie überall, wo sich Feuchtigkeit zu lange ungestört aufhalten kann, Schimmel. Einmal pro Woche wischst du die Gummilippe, die die Öffnung abdichtet, sauber, damit sich dort keine Keime ansiedeln können. Das kannst du mit einem nicht allzu verdreckten Putzlappen erledigen, den du ohnehin gerade waschen wolltest.

Alle paar Wochen checkst du das Flusensieb, in dem Fussel oder auch Kleinteile, die in deine Schmutzwäsche geraten waren, gesammelt werden. Auch dort können sich Keime entwickeln. Wo es sich befindet und wie du es reinigst, steht in deiner Bedienungsanleitung. Dort findest du auch den Trick, wie du den Waschmittelbehälter herausbekommst, der ebenfalls regelmäßig gereinigt werden sollte.

11 ✦ Fensterputzen, die Quickie-Version

 **Abzieher**

Gleich vorweg: Es gibt unzählige Techniken, Fenster zu putzen. Mit Glasreiniger, mit Spiritus im Wischwasser, mit einem Abzieher, mit Zeitungspapier (kein Scherz, funktioniert sogar!). Du kannst dir technische Geräte zulegen, etwa einen Dampfreiniger von Kärcher, der aber wiederum sein eigenes Putzkonzentrat braucht. Und die volle Wahrheit: Ja, es gibt sogar Fensterputz-Roboter. Die putzen auch absolut 1a – jedenfalls in den Werbevideos ihrer Herstellerfirmen. Aber die Reinigungsmittel musst du erst holen, die tollen Geräte müssen erst aufgeladen, dann mit Spezialreiniger befüllt, dann teils etwas umständlich angebracht werden, dann vermutlich gesäubert, dann weggeräumt werden, und am Schluss muss man ja doch mit der Hand nachputzen. Weshalb du dir beim nächsten Mal eher denken wirst: Och nö, Fensterputzen ist soooo aufwendig! Weshalb wir große Fans der guten alten und viel einfacheren Handarbeit sind.

Im Folgenden gehen wir davon aus, dass du relativ herkömmliche Fenster zu reinigen hast. Also keine fünf Quadratmeter großen Scheiben, die deinen Wintergarten umschließen, sondern die üblichen Feld-Wald-und-Wiesen-Fenster, die durchschnittlich schmutzig sind, weil du sie tollerweise (ab sofort) zweimal im Jahr putzt. Für die *absolut verschärfte Quickie-Version,* die genauso gut dafür sorgt, dass wieder mehr Licht ins Zimmer kommt, brauchst du wieder einmal einfach nur dein – absolut sauberes! – Mikrofasertuch, warm oder heiß ausgespült und gut ausgewrungen. Damit wischst du die Fenster erst innen, wo sie weniger schmutzig sind, und dann außen ab. Fensterrahmen nicht vergessen und das Tuch zwischendurch immer wieder ausspülen, das war's auch schon so gut wie.

Wenn deine Fenster schon länger vernachlässigt wurden und darüber ganz traurig und grau geworden sind, brauchen sie ein bisschen mehr Zuwendung. Du holst dir deshalb auch noch einen Geschirrschwamm, und zwar nicht den, den du fürs Geschirr verwendest, sondern den, den du zum reinen Putzschwamm degradiert hast. Ein zweites Mikrofasertuch würde es stattdessen auch tun – das machst du so, wie es dir am angenehmsten ist. Außerdem ist diesmal ein kleines Eimerchen mit warmer Seifenlauge praktisch.

Mit dem Geschwirrschwamm reinigst du die äußeren Scheiben, auf denen Schicht über Schicht Straßenstaub lagert, der je nach Ausrichtung der Fenster auch gern einmal durch den Regen angetrocknet wurde. Leben in deinem Haushalt starke Raucher oder bist du gerade am Küchenfenster zugange, wirst du möglicherweise die Innenscheiben ebenso reinigen müssen. Den Schwamm immer gut ausdrücken, sonst tropfst du dir mit dem bald recht dunklen Putzwasser alles voll. Danach gehst du mit der *absolut verschärften Super-Quickie-Version* noch einmal über alle Fenster.

Worauf du beim Fensterputzen besonders achten solltest:

Die Ecken! Wir sprechen hier zwar von der Schnellversion, das heißt aber nicht, dass du schummeln darfst. Wenn du dort nicht sorgfältig arbeitest, wirst du dich spätestens am nächsten sonnigen Tag in den Allerwertesten beißen.

Dann stechen die schmutzigen Ränder und Ecken nämlich besonders ins Auge. (Und nein, das ist *kein* Argument dafür, die Fenster einfach gar nicht zu putzen!)

Nicht zwischendurch absetzen! Auch das würde die Sonne unerbittlich an den Tag bringen. Versuche, jede Scheibe in einer möglichst durchgehenden Bewegung zu reinigen und ende, indem du mit dem Lappen am Schluss vom Glas auf den Fensterrahmen wischst. Dort kannst du dann stoppen, ohne dass es Spuren hinterlässt.

Beim letzten Durchgang vor jedem neuen Fenster den Lappen checken: Vielleicht doch noch einmal auswaschen?

Der letzte Akt des Fensterputzen gilt den Fensterbrettern. Haben die etwas abbekommen oder sollten sie ohnehin dringend gewischt werden? Der allerletzte Akt gilt dem Lappen. Noch einmal grob auswaschen und ab in die Schmutzwäsche.

Wie oft musst du deine Fenster putzen? Wenn du mitten in der Natur mit sauberer Luft wohnst, möglicherweise wirklich nur einmal pro Jahr. Wenn vor deinem Haus die Schwerlaster vorbeidonnern, vermutlich einmal pro Monat. Speichere einfach das Bild deiner frisch geputzten Fenster gedanklich und vergleiche es in den Monaten danach immer wieder mit dem Status quo. Irgendwann wird plötzlich der Moment kommen, wo du dir sagst: »Ich muss jetzt auf der Stelle die Fenster putzen!« Weil du jetzt nämlich weißt, welchen Unterschied saubere Scheiben machen. Und weil du jetzt weißt, wie schnell es geht.

Schau vorher auf den Wetterbericht, am besten auf die Zehn-Tages-Prognose. Sonst ärgerst du dich. Würdest du ja auch machen, bevor du mit deinem Auto in die Waschstraße fährst.

Du musst übrigens auch nicht alle Fenster deiner Wohnung oder deines Hauses auf einen Schlag putzen. Das wäre dann wieder dieser zu große Berg, vor dessen Besteigung du – zu Recht – zurückschrecken dürftest. Mach stattdessen ein Zimmer pro Tag. Wie lange brauchst du für ein Fenster, zehn Minuten? Dann schaffst du an einem Wochenende doch locker schon einmal Wohn- und Schlafzimmer, ohne es überhaupt gemerkt zu haben. Dein neuer Wahlspruch: Es geht einfacher, als du denkst, und schneller, als du befürchtest.

 Die Qualitätskontrolle

Ob du gut geputzt hast oder nicht, sagt dir gleich das Licht. Die Sonne bringt jede Stelle am Fenster, die du nicht richtig erwischt hast, unbarmherzig ans Tageslicht.

Wieso du die Fenster putzen solltest

Weil es ab einem gewissen Verschmutzungsgrad tatsächlich dunkler wird in deiner Wohnung. Weil saubere Fenster ein verdammt gutes Gefühl machen. Und weil es, je länger du damit wartest, umso mühsamer wird.

12 ✨ Einfach weniger putzen müssen oder: It's magic!

Du weißt jetzt, wie du deine Wohnung, dein Haus oder deinen Co-Working-Space mit wenig Aufwand sauber bekommst. Was, wenn ich dir verrate, dass es einen geheimen Trick gibt, wie du dir sogar von diesem bisschen Arbeit einen Teil ersparen kannst? Der Zauberspruch, wie man sich viel Putzaufwand erspart, lautet:

»Du musst nicht mehr putzen, sondern einfach weniger Dreck machen.«

Ist das nicht der Burner? So simpel! Und doch so genial! Sau hier nicht so rum, dann musst du auch weniger putzen, ha! Prophylaxe ist besser als Putzen. Und so viel einfacher! Der beste Fleck ist der, der erst gar nicht gemacht wurde.

Du weißt jetzt, wo und wie die häufigsten Flecken entstehen. Wir haben viel über Naturgesetze gesprochen und die ganz speziellen Naturgesetze fürs Putzen aufgestellt. Es gibt jedoch kein Naturgesetz, das besagt, dass bestimmte Flecken überhaupt entstehen *müssen*. Sie sind weder gottgewollt noch höhere Macht noch Kismet. Man kann sie also zu einem gewissen Anteil schlicht vermeiden.

Stell dir eine TV-Sportübertragung vor. Skirennen, Fußballmatch, Eiskunstlauf, egal. Entscheidende Momente werden dort in Zeitlupe wiederholt, damit der kluge Mensch vor dem Mikro (und zu Hause vor dem Fernseher) genau erkennen kann, wo der Skifahrer verkantet, der Ball verspringt oder die Eiskunstläuferin zu schräg abspringt.

Während sie jedoch ihre Missgeschicke nicht mehr korrigieren können, weil Schlusspfiff und so, kannst du aus deinen lernen. Der Trick dabei ist, sich ninjamäßig in den Feind hineinzuversetzen und ihm zuvorzukommen. Der Kochlöffel, der gerade auf dem Weg vom Suppentopf zum Mund ist, will tropfen, weil das einfach in der Natur von Löffeln (und Suppen) liegt. Sie können nicht anders. Was tust du, raffiniert, wie du eben bist, also? Du hältst die Hand drunter!

Dasselbe machst du mit dem Glas, das du soeben ausgespült hast und triefnass woanders hinstellen willst. Es. Wird. Tropfen. Der Deckel, den du abhebst, um die darunter kochenden Kartoffeln zu checken? Sagen wir es im Chor: Er wird tropfen! Ist zwar nur Wasser, aber mittlerweile wissen wir ja, dass auch das Flecken macht.

Vor einiger Zeit habe ich Promikoch Nelson Müller im Fernsehen dabei zusehen dürfen, wie er Sahne aus einem Glaskännchen in einen Kochtopf gießt. Er macht das als Profi vermutlich ein paarmal pro Tag, weshalb er weiß, dass es da immer diesen einen kleinen Tropfen gibt, der an der Tülle hängen bleibt. Was also macht Nelson Müller? (Wir zoomen kurz in Zeitlupe auf das Kännchen.) Er streift den Tropfen am Kochtopfrand ab! Hat ihn eine Zehntelsekunde mehr gekostet und ihm dafür das Wischen nachher erspart.

Das hältst du jetzt vielleicht alles für Pillepalle. Kleinlich, zwänglerisch. Vermutlich, weil du den Abstecher genommen und gleich bei diesem Kapitel begonnen hast. Darum lernen wir jetzt das nächste Naturgesetz des Putzens: Ein bisschen Aufwand ist immer. Du kannst aber entscheidend beeinflussen, wie viel.

Es steht dir frei, den Kartoffeltopfdeckel einfach zwei

Sekunden lang über dem Topf abtropfen zu lassen – oder aber nachher 30 Sekunden damit zuzubringen, die Wasserflecken vom Herd zu wischen. Du kannst dir das bisschen Gehirnarbeit antun, ans Hand-unter-den-Löffel-Halten zu denken – oder danach den Fleck vom Küchenboden wegmachen müssen. Die gute Nachricht: Hand-Drunterhalten geht nach dem dritten Mal völlig automatisch. Küchenboden-Wischen dauert hingegen immer gleich lang.

Wir sprechen hier von wenigen Zehntelsekunden vorausdenken. Wenn du etwa Mehl in einen anderen (weil mottensicheren) Behälter umfüllen willst, visualisierst du kurz, wie gern Mehl in der Gegend herumstaubt und beschließt deshalb, das lieber über der Spüle zu erledigen. Salz in den Salzstreuer nachzufüllen, ohne dass etwas danebengeht, können vermutlich nur tibetanische Mönche. Unsereins macht das lieber ebenfalls über der Spüle oder dem Mülleimer. Knirscht dann auch weniger unter den Füßen.

Vor allem beim Kochen kann man sich mit diesen Zehntelsekunden vorausdenken ganze Minuten an Putzen ersparen. Wo legst du den Kochlöffel, mit dem du gerade die Tomatensoße umgerührt hast, ab? Direkt auf der Arbeitsfläche? Dann viel Spaß dabei, die eingetrocknete Soße nachher wegzuwischen! (Ganz zu schweigen von der Frage, ob du genau weißt, was vorher an dieser Stelle lag und ob du mit diesem Kochlöffel jetzt wirklich weiterkochen willst.) Stattdessen platzierst du ein kleines Schneidebrettchen neben dem Herd oder stellst einen kleinen Teller bereit, auf dem alles Kochgerät hygienisch zwischenlagern darf. Brettchen oder Teller kannst du anschließend einfach in den Geschirrspüler stellen.

Vieles ist so wahnsinnig simpel und logisch, dass du dich

nach einer Woche fragen wirst, wieso du es nicht schon längst so machst. Wenn du deine Paprika auf einem kleinen Brett schneidest, wird viel mehr danebengehen als auf einem großen. Wenn du deinen Braten nicht auf deinem tollen Arbeitstisch aufschneidest, sondern das Schneidebrett ausnahmsweise direkt neben deine Spüle stellst, kannst du den Bratensaft zwischendurch immer wieder wegkippen, bevor er vom Brett läuft und dir so ziemlich alles im Umkreis von einem Meter vollsaut. Hatte ich schon erwähnt, dass Putzen zur Hälfte im Kopf stattfindet?

Was krümeln kann, wird krümeln. Mütter predigen deshalb nicht umsonst seit mindestens Tausenden von Jahren, dass man das Butterbrot nicht frei schwebend im Wohnzimmer essen, sondern sich dafür einen Teller nehmen soll. Ein kleiner Handgriff für einen Brotesser, eine große Erleichterung für alle Putzbeauftragten – vor allem, seit die Geschirrspülmaschine erfunden wurde.

Entdecke den Ehrgeiz in dir, es dem Dreck so schwer wie möglich zu machen. In der Küche stellst du den Mülleimer so, dass der Luftweg zwischen dort, wo du das Gemüse schälst oder schneidest, und dem Eimer möglichst kurz ist.

Nippes wird weggeräumt oder hinter Glas gestellt, um Staub von ihm fernzuhalten. Und du kannst einfach ein bisschen tricksen: Die Bücher im Bücherregal zum Beispiel werden nicht bis zum Anschlag an die Regalrückwand geschoben, sondern stehen in einer Linie plan mit der vorderen Regalkante, sodass sich davor kein Staub mehr niederlassen kann. (Ja, der liegt jetzt dahinter, aber siehst du ihn dort? Eben.)

Im Bad wird, wie gesagt, alles weggeräumt, auf dem sich Staub besonders gut fangen könnte, sprich: alle Produkte, die du nicht jeden Tag brauchst. Bürsten werden mit den

Borsten nach unten gelagert. Langhaarige striegeln sich in oder über Dusche oder Badewanne, dann werden alle Haare einfach ins Haarsieb gespült, anstatt sich im ganzen Badezimmer und von dort im Rest der Wohnung zu verteilen. Sogar davonspringende Schnipsel beim Fingernägelkürzen sind vermeidbar. Schränke einfach den Radius ein, wohin sie springen könnten, etwa indem du die Hände möglichst tief ins Waschbecken hältst oder beim Schneiden der Fußnägel mit der anderen Hand einen Auffangschirm bildest. Es ist wirklich ein denkbar geringer Aufwand im Vergleich zu dem nicht besonders erfreulichen Gefühl, im Bad auf fremde Fußnägel zu treten.

Und wo wir gerade bei sozialem Verhalten sind: Wasser, das aus großer Höhe irgendwo aufschlägt, prallt von Oberflächen einfach viel stärker und unkontrollierter ab als solches, das nur kurz Gelegenheit dazu hat, im Fallen an Geschwindigkeit zuzulegen. Sitzpinkler sind also keine Weicheier, sondern einfach nur richtig gut in Physik.

Wenn du nass geregnet nach Hause kommst, denke an die Regel »Was tropfen kann, wird tropfen« und häng deinen Schirm und die Regenjacke irgendwohin, wo runtertropfendes Regenwasser keinen Schaden anrichten kann. Auch Kinderwagen, Shopping-Trolleys oder dein Reisekoffer können nachtropfen.

Bei Mistwetter denkst du einfach schon vor der Haustür daran, deine Schuhe ordentlich abzutreten. Sind sie absolut vollgesaut − was vor allem Schuhe mit gutem Profil gern tun −, bleiben sie einfach gleich ganz draußen. »Bitte die Schuhe ausziehen« mag für einige der Inbegriff an Spießigkeit sein, aber wir haben mittlerweile das mit der Visualisierung ja gut drauf. Deshalb wissen wir, wie einfach der Dreck aus dem Flur ins Wohnzimmer ins Schlafzimmer ins

Bett kommt. Noch einmal: Du willst und sollst deine Wohnung nicht zu einem Reinraum machen, in dem Computerchips hergestellt und Herz-OPs durchgeführt werden könnten. Du willst nur vorausdenken – und weniger putzen.

Deshalb verteilst du deinen Dreck auch selbst nicht weiter. Mit schmutzigen Händen fasst du schon einmal nichts und niemanden an. In der Küche hast du dein Geschirrtuch im Hosenbund, damit du die Kühlschranktür nicht mit mehligen Händen öffnen musst. Außerdem bist du so krass gelenkig, dass du den Wasserhahn auch mit dem Ellbogen aufbekommst und während des Kochens immer wieder kurz deine Hände waschen kannst.

Und wenn du rausgehst, um dein Fahrrad zu reparieren, denkst du schon an danach und nimmst gleich einen feuchten Lappen mit, in den du vorm Wieder-Reinkommen den gröbsten Dreck wischst.

Das alles sind keine mühsamen, anstrengenden, umständlichen oder leicht zu vergessenden Handlungen. Im Gegenteil, sie werden dir binnen kürzester Zeit in Fleisch und Blut übergegangen sein. Und sie ersparen dir einfach sehr viel Arbeit und möglicherweise noch mehr Auseinandersetzungen mit etwaigen Mitbewohner/innen. Die Stichworte sind »Mitdenken« und »vorausschauend Handeln«. Und das tust du doch ohnehin den ganzen Tag.

13 Der Status quo oder: Wer macht was bei uns und wenn ja, wie oft?

Du hast dieses Buch eigentlich gar nicht nötig, weil du dich ohnehin total am Haushalt beteiligst? Das ist wunderbar!

Dann machen wir jetzt einfach so zum Spaß eine kleine Strichliste, wer von euch eine Woche lang was im Haushalt erledigt hat. Geht los am nächsten Montag einer ganz normalen Arbeitswoche.

Tätigkeit	Name	Name	Name
Staubgesaugt (pro Raum 1 Strich)			
Boden gewischt (pro Raum 1 Strich)			
Staub gewischt (pro Raum 1 Strich)			
Fenster geputzt (pro Fenster 1 Strich)			
Türen feucht abgewischt (pro Tür 1 Strich)			
Geschirrspüler eingeräumt			

Tätigkeit	Name	Name	Name
Geschirrspüler ausgeräumt			
Regeneriersalz nachgefüllt			
Klarspüler nachgefüllt			
Wasserkocher bzw. Kaffeemaschine entkalkt			
Herd gereinigt			
Backofen gereinigt			
Küchenspüle geputzt			
Kühlschrank ausgemistet			
Kühlschrank geputzt			
Dunstabzugshaube gründlich geputzt			
Küchenfronten geputzt			
Besteckschublade ausgeräumt, ausgewischt und wieder eingeräumt			
WC-Schüssel gereinigt			
Klobrille feucht abgewischt			
unterm WC gewischt			

Tätigkeit	Name	Name	Name
links, rechts und dahinter gewischt			
WC-Bürste ausgetauscht (5 Striche)			
Bettwäsche gewechselt (pro Bett 1 Strich)			
Lichtschalter geputzt (pro 5 Stück 1 Strich)			
Türklinken geputzt (pro 3 Stück 1 Strich)			
Müll weggebracht			
Altpapier weggebracht			
Altglas weggebracht			
Fernbedienungen geputzt (pro Stück 1 Strich)			
Wäsche gewaschen			
Wäsche aufgehängt/getrocknet			
Wäsche weggeräumt			
Flusensieb gereinigt			
Badewanne geputzt			

Tätigkeit	Name	Name	Name
Dusche geputzt			
Badematten und WC-Vorleger zur Schmutzwäsche getan			
Waschbecken geputzt			
Seifenspender nachgefüllt			

Und jetzt wird jeder Strich halbiert, den du nur deshalb machen konntest, weil dich jemand anderer an eine Tätigkeit erinnert oder dich gebeten hat, sie zu erledigen. Kann es sein, dass sich jetzt plötzlich doch ein mehr oder weniger leichtes Ungleichgewicht bei der Hausarbeit gezeigt hat? Dann folgt die wahre Auflösung im nächsten Kapitel.

14 Mental Load für Anfänger oder: Gut gemeint ist nicht immer gut gemacht

Wir müssen jetzt leider etwas ernster werden. Denn dass es beim Thema Putzen in einem gemeinsamen Haushalt oft zu Streit kommt, hat nicht nur damit zu tun, dass der eine es gern sauberer hat als die andere. Es geht auch nicht nur um die ungleiche Verteilung der Putzarbeit. Dazu ein kleines Beispiel:

Mitbewohnerin A: »Warst du nicht gerade unten, um nach der Post zu sehen? Hättest du da nicht gleich den Müll mitnehmen können?«

Mitbewohner B: »Du hattest ja nichts gesagt.«

Oder auch:

Mitbewohnerin C: »Ich wollte gerade das Altpapier hinunterbringen, aber der Altpapiercontainer ist voll.«

Mitbewohner D: »Der wird ja auch erst morgen geleert.«

Oder auch:

Mitbewohner E: »Was soll ich denn putzen, ich würde mich gern nützlich machen.«

Gern auch:

Mitbewohnerin F: »Wir sollten wieder einmal die Fenster putzen.«

Klingt alles irgendwie bekannt?

Wir haben mittlerweile gelernt, dass Putzen kein Hexenwerk ist, dass es keine geheimen Fähigkeiten voraussetzt und dass wirklich jede und jeder mit wenig Aufwand ein Haus oder eine Wohnung in einem Zustand halten kann, der allgemein als »gut bewohnbar« bezeichnet werden würde. Wir haben allerdings auch gelernt, dass Putzen zur Hälfte aus Beobachtungs-, Planungs- und Denkarbeit besteht. Im Wohnzimmer staubzusaugen ist nur ein Teil der Arbeit, der andere Teil besteht darin zu erkennen, dass wieder einmal staubgesaugt werden müsste.

Gehen wir im Folgenden von einer klassischen Zweierbeziehung aus, mit Kindern, Hund und Katze oder ohne. Beide Erwachsenen sind berufstätig, sprich: Es gibt keine Vereinbarung, dass nur eine/r sich um Kinder, Hund, Katze und Haushalt kümmert. Das ist wichtig.

Fakt ist, dass sich in den meisten heterosexuellen Beziehungen die Frauen mehr um den Haushalt (und die Kinder) kümmern als die Männer. Nicht, weil sie's besser können. Nicht, weil sie mehr Zeit dafür haben. (Sogar Frauen, die mehr arbeiten – und verdienen – als ihre Männer, machen im Schnitt mehr im Haushalt.) Sondern weil sie es wahrscheinlich von ihren Müttern so beigebracht bekommen haben, und die von ihren Müttern. Weil Mädchen von klein auf eher dazu angehalten werden, im Haushalt mitzuhelfen, als Jungs. Weil Putzen gesellschaftlich nach wie vor als Frauendomäne angesehen wird.

Erinnern wir uns kurz an den Test zum Status quo des »Wer macht was bei uns und wenn ja, wie oft?« Vermutlich ist dabei herausgekommen, dass eine von euch mehr macht als der andere. Oder dass der andere sehr wohl im Haushalt mithilft, wenn er entsprechende Aufträge bekommt.

Und hier kommt das ins Spiel, was seit einigen Jahren als »Mental Load« bezeichnet wird: *Aufträge bekommen* setzt voraus, dass sich vorher jemand erst einmal überlegen musste, was getan werden muss. Und das ist eine mentale Belastung.

»Aber du denkst einfach immer an alles, Schatz!« Stimmt, aber dieses Dran-Denken ist Arbeit, anstrengend und lenkt von anderen Dingen ab. Oder sorgt dafür, dass Schatz sich nicht in Ruhe auf ihre Arbeit konzentrieren kann, weil ihr zwischendurch einfällt, dass für morgen nicht genug saubere Wäsche da ist oder der Klarspüler nachgekauft werden muss. Dran denken zu müssen, wie lange die aktuellen Handtücher schon am Haken hängen, läuft zwar im Hintergrund, blockiert aber doch ein paar Promille des Arbeitsspeichers im Gehirn. Noch ein paar Promille für »Wann wird das Altpapier abgeholt?«, ein paar weitere für »Wann müssen die Kinder wieder zur Zahnärztin?« – und jetzt weißt du, wieso sie sich so leicht bei ihrer Arbeit oder ihrem Buch unterbrechen lässt, während du beim Lesen für ein paar Stunden so richtig schön in den Flow kommst und weder etwas siehst noch hörst.

Dieses ständige Mitdenken ist wie sehr langsames Gehen ohne Ruhepause. Eigentlich easy-peasy, aber nach 24 Stunden wird's dann doch ein bisschen anstrengend.

Es ist eine Frage des Mindsets. Wer sich für den Haushalt mehr verantwortlich fühlt, geht nicht einfach nur durch die Wohnung. Sondern es rattert bei jedem Schritt im Hintergrund eine Liste an möglichen Tätigkeiten mit, die im Hinterkopf gecheckt werden. Ein konstanter Soll-Ist-Vergleich. Sie schaut nicht nur durch die Fenster nach draußen, sondern checkt, ohne dass sie es selbst merkt, deren Verschmutzungsgrad. Sie geht durchs Wohnzimmer und spürt an den Fußsohlen, ob wieder einmal Staub gesaugt werden muss. Sie putzt sich die Zähne, lässt den Blick schweifen und checkt, ob hier wieder einmal gewischt werden sollte und wie schlimm die Kalksituation auf den Wasserhähnen ist. Das ist eine Art Fluch, weil man diesen Vorgang, hat man ihn einmal drauf, nicht mehr abstellen kann. Deswegen sieht sie viel mehr als du, und deshalb empfindet sie das Haus immer als schmutziger, als es dir vorkommt.

Das ist kein Vorwurf, sondern nur eine Feststellung. Und vielleicht auch eine Erklärung, wieso ihr euch gerade beim Thema Putzen so oft in die Haare geratet.

Ich frage dich doch immer, ob ich helfen kann!

Unlängst hast du eine auf den Deckel bekommen, obwohl du ganz nett gefragt hast, wie du mithelfen kannst? Falsch, du hast eine auf den Deckel bekommen, *weil* du das gefragt hast. *Mithelfen* impliziert, dass eine die Zuständige ist und der andere eben nur mithilft.

Wieso glaubst du, dass du nur helfen musst? Bist du nur zu Besuch? Nein, du wohnst hier! Es ist deine Wohnung, deine Waschmaschine, dein Staubsauger. Du machst ohnehin keinen Dreck? Das wäre nur der Fall, wenn du den ganzen Tag im Ganzkörperkondom reglos in der Ecke stehen würdest. Im Staub, der sich auf alles legt, sind auch deine Hautschuppen. Die Wäsche im Schmutzwäsche-korb ist auch deine Wäsche. Im schmutzigen Kochgeschirr wurde auch dein Essen gekocht. Der Müll wurde zu einem Teil von dir produziert. Und an den Kindern warst du ver-mutlich auch irgendwie beteiligt.

Die Frage »Wie kann ich dir heute helfen?« klingt ganz entzückend, aber du schiebst damit alle Denk- und Beob-achtungsarbeit ab. Wenn ich jetzt erst einmal durchs ganze Haus gehen muss, um zu schauen, was getan werden muss (was du mittlerweile ja genauso gut kannst), mir dann über-lege, was davon so dringend ist, dass ich es dir auf deine To-do-Liste setze, vielleicht auch noch mit ein paar Hin-weisen, wie das am besten zu erledigen ist – hätte ich's schon längst selbst erledigen können. Und da ist alles, was man nicht sieht (Zahnkontrolle der Kinder, Schornstein-fegertermin, Flusensieb reinigen), noch gar nicht mit dabei.

Etwas zu tun ist also gut, von allein dran zu denken, dass etwas getan werden muss, aber noch viel besser!

Du hilfst mit, ohne dass dir jemand etwas sagen muss? Erst gestern hast du voll motiviert eine Ladung Wäsche in die Maschine geworfen, bevor du ins Büro gegangen bist? Das ist toll! Und wer hat sie danach rausgenommen (auf-gehängt, abgenommen, gebügelt oder zusammengelegt und weggeräumt)? Mit dem In-die-Maschine-Werfen hast du hier leider den geringsten Teil der Arbeit erledigt und jemand anderem dafür zusätzliche Arbeit gemacht, für die sie vielleicht eigentlich gar keine Zeit hatte.

Oder du hast spontan eine Maschine gewaschen, musst jetzt aber deine Frau fragen, wo du die Wäsche aufhän-gen sollst, weil der Wäschetrockner nämlich schon mit der Ladung voll ist, die sie drei Stunden zuvor gewaschen hat? Damit reißt du sie nicht nur aus dem heraus, was sie gerade tut, du überträgst ihr auch wieder einen Teil der Denkarbeit. Oder versuchst es zumindest.

Du hast aber immerhin staubgesaugt? Stimmt, das erkennt man daran, dass der Staubsauger immer noch dort steht, wo du ihn danach ausgeschaltet hast. Toll, dass du gewischt hast – kann man wunderbar am schmutzigen Mopp erkennen, der immer noch mitten in der Küche liegt. Wie wir mittlerweile gelernt haben, sind die meisten Tätigkeiten im Haushalt noch lange nicht beendet, wenn du glaubst, dass sie beendet sind. Mach's nicht perfekt, aber mach's ordentlich!

Du hättest doch nur etwas sagen müssen!

Oh, der gefürchtetste unter den Klassikern! Diesen Satz solltest du niemals denken und schon gar nicht laut aussprechen. Denn nach dem dritten Mal klopft die Scheidungsanwältin. Mit diesem Satz machst du es dir so bequem wie nur irgendwie möglich. Er deutet nicht nur darauf hin, dass die Tätigkeit (bei der du selbstverständlich geholfen hättest, wenn man dir nur etwas gesagt hätte) bereits so gut wie fertig ausgeführt ist, sondern auch, dass du nicht mitbekommen hast, dass sie hätte ausgeführt werden müssen. Sehr oft fällt dieser Klassiker just, nachdem deine Frau oder dein Mann gerade die Weinkisten an dir vorbei in den Keller geschleppt hat. Und zwar jene Weinkisten, die du bestellt hast und die schon seit zwei Wochen so im Flur stehen, dass sie selbst bereits abgestaubt werden müssten.

Nein, niemand verlangt von dir, dass du Gedanken lesen kannst. (Obwohl das manche Menschen schneller lernen würden als Putzen.) Aber die Chancen stehen gut, dass dein/e Partner/in dir in den Tagen zuvor schon des Öfteren dezente Hinweise (»Bring endlich die verdammten Weinflaschen in den Keller!«) gegeben hat oder dass du sie/ihn im Flur rumoren gehört hättest, wenn du nicht gerade in dein Grill-/Wein-/Nachrichtenmagazin vertieft gewesen wärst.

Aber ich putze doch auch!

Mag sein. Aber war's danach sauber? Dass du eine Tätigkeit ausgeführt hast, heißt leider noch lange nicht, dass du sie erledigt hast. Ist dein Auto fertig gewaschen, sobald es einmal komplett eingeseift ist? Nein. Danach muss es noch abgespült und trocken geledert werden und dann wirst du sicher noch einmal kontrollieren, ob der Vogelschiss auf der Windschutzscheibe wirklich komplett weg ist. Genau dasselbe gilt für deine Wohnung.

Wenn du den Küchenboden gewischt hast, der Tomatensoßenfleck aber immer noch da ist, hast du zwar geputzt, aber nicht sauber gemacht. Wenn du staubgesaugt hast, in der Zimmerecke aber immer noch der angesammelte Staub liegt, hast du zwar staubgesaugt aber nicht sauber gemacht. Und so weiter und so fort.

Und nein, wir sprechen hier nicht von »Hier an der Fensterscheibe habe ich noch ein Fusselchen entdeckt, ich will die Scheidung!« Es geht also nicht darum, dass du die überzogenen Sauberkeitsansprüche einer Schmutzphobikerin nicht erfüllen konntest, sondern um das, was du in den vergangenen 13 Kapiteln gelernt hast. Noch einmal: Mach es nicht perfekt, aber ordentlich. Denn sonst wird deine Frau/dein Mann beginnen (müssen), deine Beiträge zum Haushalt nachzukontrollieren. Nicht, damit sie dich besser nerven kann, sondern um zu sehen, ob sie selbst noch einmal ranmuss.

Und das wollt ihr beide nicht.

Ich putze, aber niemand dankt mir dafür!

Und das, obwohl du jedes Mal brav berichtest, dass du gerade den Geschirrspüler eingeräumt, die Wäsche in die Maschine getan oder ein Fenster geputzt hast? Versuche, es einmal aus der Gegenperspektive zu sehen: Wenn dir deine Partnerin oder dein Partner jeden Abend berichten würde, was sie oder er alles für Haushalt, Einkauf, Kinder und generelle Familienorganisation erledigt hat, und das teilweise so ganz nebenbei und meistens neben einer vollen Berufstätigkeit, hätte sie oder er bald keine Zeit mehr, das alles zu tun.

Um es mit dem Sportschuhproduzenten Nike zu sagen: Just do it!

Aber bisher hat dich das doch auch nicht gestört!

Das ist in der Tat ein schwieriges Thema. Es mag durchaus sein, dass ein Mitbewohner oder eine Mitbewohnerin gern putzt. Oder sagen wir: lieber putzt als alle anderen. Es wird sicher auch jemanden geben, der/die lieber kocht als alle anderen. Doch irgendwann wird auch für diese Menschen der Punkt kommen, an dem sie sagen: »Wieso mache das eigentlich immer ich?«

Der Aspekt der Selbstverständlichkeit ist so fragil wie Nitroglyzerin in einem schrottreifen Lkw. Kilometerweit hält es ohne Probleme, aber dann überfährt man einen winzigen Kiesel, und alles fliegt in die Luft. Nur weil jemand die vergangenen 3/5/20 Jahre freiwillig und ohne Murren geputzt (oder gekocht) hat, heißt das noch lange nicht, dass das auch die nächsten 3/5/20 Jahre so bleiben wird. Vielleicht hat er/sie es mit Freude gemacht, vielleicht aber auch nur aus Pflichtgefühl, weil die Kinder sonst ohne Schuhe und unterernährt in die Schule gegangen wären. In einer gleichberechtigten Partnerschaft ist es jedoch immer gut, gerade diese Gewohnheiten hin und wieder zu hinterfragen oder wenigstens aufzulockern. Und auf keinen Fall für selbstverständlich zu halten. Es ist eben ein Unterschied, ob ich dir freiwillig jeden Sonntag ein Omelett ans Bett serviere oder ob du eines Tages sagst: »Wo bleibt eigentlich mein Frühstück?«

Wir haben eine strikte Aufgabenteilung

Das ist eine der besten Herangehensweisen. Hindert dich aber hoffentlich nicht daran, trotzdem außerhalb deiner Zuständigkeiten eine Waschmaschine anzuwerfen, wenn du a) ohnehin den ganzen Tag zu Hause bist, b) siehst, dass der Wäschekorb überquillt, und c) weißt, dass der Wäscheständer leer genug ist, um eine volle Ladung dort aufhängen zu können.

Aufgabenbereiche aufzuteilen (gern auch auf die Kinder, wozu habt ihr sie sonst?) bedeutet, die andere Person von der Last eines dieser mental ständig mitlaufenden Prozesse zu befreien. Ans WC muss sie jetzt nicht mehr denken, weil du das zweimal pro Woche putzt, yeah! Heißt aber nicht, dass nicht auch gleichzeitig der Prozess »Das tun, was am dringendsten getan werden muss« abgearbeitet werden darf. Er ist fürs Müllrunterbringen zuständig, aber du gehst gerade dran vorbei und ohnehin auch gleich aus dem Haus? Bingo!

Mittlerweile müsstest du auch wissen, was an dem Satz »Wir sollten wieder einmal die Fenster putzen« so böse ist. Nein, immer noch nicht? Na gut, dann sehen wir uns diesen vermeintlich harmlosen Satz genauer an. Er hat zwei Interpretationsmöglichkeiten:

Variante 1: Du willst mit diesem Satz ausdrücken, dass du die Fenster schmutzig findest. Du denkst jedoch nicht daran, sie selbst zu putzen, und formulierst ihn nur deshalb in der vermeintlich weniger befehlshaften Wir-Form, weil du hoffst/findest/glaubst, dass der/die andere sie putzen sollte. In Wirklichkeit also die feige Variante der ehrlicheren Aussage »Ich finde die Fenster schmutzig, bin aber zu faul oder mir zu gut, sie selbst zu putzen. Mach du das!«

Variante 2: Du hast erkannt, dass die Fenster schmutzig sind, bravo! Du weißt, wo der Putzlappen ist.

Die unbequeme Wahrheit über Männer, Frauen und Putzen

Dass eine saubere Wohnung bei Frauen als Standard vorausgesetzt, bei Männern jedoch eher als positive Überraschung gesehen wird, hat die Studie »Good Housekeeping, Great Expectations: Gender and Housework Norms« aus dem Jahr 2019 ziemlich eindrücklich gezeigt. Sarah Thébaud von der University of California, Sabino Kornrich von der Emory

University in Atlanta und Leah Ruppanner von der University of Melbourne haben 624 Probanden Fotos desselben Raumes gezeigt, entweder in unaufgeräumtem Zustand oder frisch sauber gemacht. Dann haben sie erst einmal gefragt, wie unordentlich oder sauber die Testpersonen die jeweiligen Zimmer empfanden. Überraschung: Männer und Frauen waren sich einig: unaufgeräumt ist unaufgeräumt. Damit war schon einmal die angeblich typisch männliche Schmutzblindheit vom Tisch. (Sorry, Jungs! Schluss mit Ausreden!)

Im nächsten Schritt wurde einem Teil der Befragten gesagt, dass diese Wohnung »John« gehört, dem anderen Teil, dass »Jennifer« drin wohnt. Dann wurden sie vor allem darum gebeten, diesen Bewohner oder die Bewohnerin zu charakterisieren. Unterm Strich kam heraus, dass »Jennifer« viel stärker für den Zustand ihrer Wohnung kritisiert wurde als »John«, und zwar sowohl von den Männern als auch von den Frauen. Bei »John« war man geradezu darauf gefasst, dass er im Chaos lebt, von »Jennifer« wurde Ordnung erwartet.

Die Befragten waren außerdem der Meinung, dass »Jennifer« sich wegen ihrer schmutzigen Wohnung bei Besuch unwohler fühlen würde als »John«. Dass die Gesellschaft also unordentliche Frauen stärker sanktioniert als Messie-Männer.

Es gibt geradezu einen eigenen wissenschaftlichen Forschungszweig, der sich mit den Putz-Dynamiken zwischen den Geschlechtern beschäftigt. Manche Thesen besagen, dass sogar Frauen, die den Großteil des Einkommens heranschaffen, mehr im Haushalt tun als ihre Männer, um die erlernten Geschlechterrollen nicht komplett zum Kippen zu bringen. Und Männer haben möglicherweise eher Hemmungen, sich allzu öffentlich allzu wohl beim Putzen, Waschen und Polieren zu fühlen, weil sie von anderen dann als weniger männlich gesehen werden könnten.

Wo also beginnen, um diese Schieflage auszugleichen? Wie immer bei den Kindern. Wenn sie nicht nur von klein auf lernen, wie man was im Haushalt erledigt, sondern auch gleich mit eingebunden werden – und zwar nicht nur die Mädchen –, ist das schon einmal ein Anfang. Wenn sie auch noch sehen, dass Papa genauso bügelt, wie Mama die Bohrmaschine schwingt, noch besser.

Solange es allerdings Mütter gibt, die immer noch regelmäßig zu ihren erwachsenen Hipster-Söhnen putzen kommen, wird das nix.

15 Der Abschlusstest oder: Wie toll bist du?

Die Stunde der Wahrheit ist gekommen! (Trommelwirbel!) Dieser Test verrät dir, wie friedlich in Zukunft die Koexistenz mit deiner Frau, deinem Lebensgefährten, deinen Mitbewohner/innen oder deinen Kolleg/innen sein wird. Viel Glück!

1. Du gehst barfuß in der Wohnung/im Haus herum und spürst plötzlich ein Krümelchen/Kernchen/Kieselchen, das an deinem Fuß kleben geblieben ist.

A: Solange der Schmerz nicht allzu groß ist, gehe ich einfach weiter. Bin ja hart im Nehmen.   1 Punkt

B: Ich streife es am nächsten Möbelstück ab, irgendwer wird hoffentlich demnächst hier staubsaugen.   2 Punkte

C: Ich kratze es ab und werfe es in den Müll, weil: Was weg ist, ist weg.   10 Punkte

D: Ich kratze es ab, werfe es in den Müll und hole mir dann den Staubsauger, weil: Ein Krümelchen kommt selten allein.   20 Punkte

2. Wie bekommst du den eingetrockneten Tomatensoßenfleck am besten vom Küchenboden?

A: Indem ich unsere Haushaltshilfe gezielt darauf hinweise. Die kommt ohnehin in einer Woche. 1 Punkt

B: Ich kratze ihn mit dem Fingernagel weg.   2 Punkte

C: Ich lege ein feuchtes Tuch darüber, damit er
aufweicht und sich dann leicht wegwischen
lässt.   10 Punkte

D: Fangfrage! Ich habe ihn natürlich sofort
weggewischt, sodass er erst gar nicht
eintrocknen konnte!   20 Punkte

**3. Du hast den Boden gewischt und blickst mit großer
Befriedigung auf die vielen Staubfussel und Haare,
die sich in der Bespannung deines Mopps gesammelt
haben. Was tust du als Nächstes?**

A: Ich mache mir meinen verdienten Kaffee.
Den Mopp räume ich später weg.   1 Punkt

B: Ich lege die Bespannung auf die Waschmaschine, damit er bei der nächsten Wäsche
mitdarf, und mache mir meinen verdienten
Kaffee.   2 Punkte

C: Ich spüle erst einmal die Haare und Staubfussel ab und lege den Lappen dann auf die
Waschmaschine.   10 Punkte

D: Ich spüle Haare und Staubfussel über einem
Waschbecken mit Haarsieb ab, leere das Sieb
in den Müll, lege den Lappen auf die Waschmaschine und mache mir dann meinen ver-
dienten Kaffee.   20 Punkte

4. Dein/e Liebste/r arbeitet gerade rund um die Uhr, weshalb du ihr/ihm eine Freude machen und sie/ihn mit einer geputzten Wohnung überraschen willst. Ihr seid seit fünf Jahren zusammen. Wie gehst du vor?

A: Ich rufe sie/ihn im Job an und frage unglaublich geschickt, was ihr/ihm in Bezug auf Sauberkeit eigentlich am wichtigsten ist.   1 Punkt

B: Ich überlege, welche Räume sie/er heute Abend am ehesten bei Licht sieht, und wische dort überall kurz drüber.   2 Punkte

C: Ich engagiere einen Reinigungsdienstleister, der spontan Zeit hat. Das ist es mir wert.   10 Punkte

D: Ich mache mir morgens einen Plan und putze dann in aller Ruhe gründlich die Wohnung durch.   20 Punkte

5. Du erkennst, dass das Toilettenpapier langsam alle wird.[3]

A: Ich rufe irgendjemandem in Hörweite zu, dass wir neues brauchen.   0 Punkte

B: Ich gehe zu meiner/m Partner/in und sage ihm/ihr nach einem zärtlichen Kuss, dass wir neues Klopapier brauchen.   1 Punkt

C: Ich schreibe es auf unsere gemeinsame Einkaufsliste.   10 Punkte

D: Ich bin am nächsten Tag mit Einkaufen dran und kaufe einfach neues.   20 Punkte

---

3 Für jede Rolle, die noch da ist, bekommst du einen Zusatzpunkt, weil es dir rechtzeitig aufgefallen ist. Wenn du gerade das letzte Blatt verwendet hast, verlierst du alle bisher gesammelten Punkte, außer, du bist gerade erst von einer längeren Dienstreise zurückgekommen, was dich von jeder Verantwortung entbindet.

6. Nach dem Essen merkst du, dass du während des Kochens mit deinen Socken in ein Stück Butter, das dir runtergefallen war, getreten bist. Was machst du?

A: Die Socken kommen abends ohnehin immer in die Schmutzwäsche, aber bis dahin will ich keine kalten Füße bekommen.   1 Punkt

B: Ich ziehe die Socken aus.   2 Punkte

C: Ich ziehe die Socken aus und versuche, einen Großteil der Butter schon einmal mit Küchenrolle aus dem Stoff zu bekommen.   10 Punkte

D: Ich ziehe die Socken aus, nehme mit Küchenpapier so viel Butter wie möglich aus dem Stoff, gebe die Socken in die Schmutzwäsche und hole mir dann ein Mikrofasertuch, um nicht nur die Fußspuren, die ich mit den Butter-Socken sicher in der halben Wohnung hinterlassen habe, wegzuwischen, sondern auch den Rest der Butter aus der Küche zu entfernen, sodass niemand anderer drauftritt.   20 Punkte

7. Anlässlich des Geburtstags deiner Frau hast du das WC geputzt. Was machst du als Nächstes?

A: Ich gehe zu meiner Frau und sage ganz stolz, dass ich das WC geputzt habe.   1 Punkte

B: Nichts. Ist ja wohl das Mindeste, einmal pro Jahr das WC für sie zu putzen.   2 Punkte

C: Ich muss ihr nichts sagen, sie sieht dann ohnehin die schmutzigen Lappen im Badezimmer.   2 Punkte

D: Ihr zu ihrem 226. Geburtstag gratulieren. Offenbar hat sie ja jede Woche Geburtstag.   20 Punkte

8. Wo legst du beim Kochen zwischen dem Umrühren den Kochlöffel ab?

A: Auf die Arbeitsfläche neben dem Herd.
    Die ist sicher sauber genug   0 Punkte

B: Auf dem Topfrand.   5 Punkte

C: Auf dem Topfrand, aber nur, wenn der Löffel
    nicht tropfen kann.   15 Punkte

D: Auf einem kleinen Teller oder Brettchen
    neben dem Herd. Denn wissenschaftliche
    Studien haben sicher schon einmal irgendwo
    ergeben, dass 52,8 Prozent aller Topfrand-
    Kochlöffel früher oder später runterfallen.   20 Punkte

9. Du hast etwas geputzt, yay! Woran erkennst du, dass du fertig bist?

A: Daran, dass meine Familie mich fragt, ob ich
    Fieber habe.   1 Punkt

B: Daran, dass der Boden überall schön feucht
    glänzt.   2 Punkte

C: Daran, dass es jetzt sauberer ist als vorher.   10 Punkte

D: Daran, dass es sauber ist und Lappen oder
    Mopp bereits grob abgespült bei der Wasch-
    maschine liegen.   20 Punkte

10. Zum Ausräumen des Geschirrspülers brauche ich jetzt …

A: … einen Griff, dann habe ich meine
    Lieblingstasse gefunden.   1 Punkt

B: … zwei Minuten für Besteck und Teller. Plus
eine Minute, um meiner Frau den Rest so hin-
zustellen, dass sie ihn nur noch wegzuräumen
braucht, wenn sie von der Arbeit nach Hause
kommt. Sie kennt sich in unserer Küche ein-
fach besser aus als ich.   2 Punkte

C: … zehn Minuten, weil ich bei einigen Dingen
immer noch suchen muss, wo sie hingehören.   10 Punkte

D: … fünf Minuten. Oder war hier gemeint,
ohne verbundene Augen?   20 Punkte

5–15 Punkte:

Netter Versuch, aber jetzt liest du dieses Buch erst einmal! Und zwar von vorne, okay?

16–40 Punkte:

Es ist deine Entscheidung, wie ernst du diese Putzsache nimmst, aber eines ist klar: Ihr werdet auch in Zukunft nicht weniger übers Putzen streiten. Lass dir von deinem/r Mitbewohner/in sagen, welche Kapitel du noch einmal gründlich durcharbeiten solltest, und verdrehe dabei *nicht* die Augen!

41–120 Punkte:

Bravo, du bist schon sehr viel besser geworden! Und? War's wirklich so schlimm? Findest du nicht – ganz tief in deinem Innersten –, dass du dich in einer sauberen Wohnung tatsächlich wohler fühlst? Und dass ihr jetzt wieder mehr über nette Dinge sprechen könnt anstatt darüber, wer welchen Dreck gemacht hat und wie er wieder verschwinden soll?

121–200 Punkte:

Wow! Entweder lernst du schnell, bist ein Naturtalent – oder ohnehin der-/diejenige, der/die in eurem Haushalt schon immer geputzt hat.

16 Der Schnellzugriff

Regeln

👆 Alles, was tropfen kann, wird tropfen.

👆 Alles, was runterfallen kann, wird runterfallen.

👆 Alles, was krümeln kann, wird krümeln.

👆 Alles, was davonrinnen kann, wird davonrinnen.

👆 Wo eine auch nur einigermaßen waagrechte Fläche ist, wird sich Staub drauf sammeln.

👆 Was weg ist, ist weg.

👆 Mach es nicht perfekt, aber ordentlich!

Putz-Prinzipien

👆 Wir legen Putzlappen immer nur ausgewaschen zurück, sodass sie jederzeit einsatzbereit sind.

👆 Feuchter Schmutz ist generell leichter zu entfernen als eingetrockneter. Sofort rangehen spart also Zeit.

👆 VOR dem Kochen den Geschirrspüler ausräumen. WÄHREND des Kochens alles gleich direkt reintun. Selber Aufwand, meistens sogar weniger.

Tricks

👆 Stell dir vor, der Badezimmerspiegel ist dein Auto. Jetzt lege Zeige- und Mittelfinger auf deinen Puls und stell dir als Nächstes vor, dass dein Auto voll ist mit Wasserflecken und Zahnpastaspritzern. Puls plötzlich höher?

👆 Geh in deiner Wohnung öfter barfuß, dann bemerkst du Krümel und sogar Staub schneller.

👆 Weiße Socken sind vielleicht nicht dein Stil, trage sie trotzdem einmal ein ganzes Wochenende lang in deiner Wohnung, dann weißt du, ob du die Böden wieder einmal wischen solltest.

👆 Streiche hin und wieder liebevoll über die glatten Flächen in deiner Wohnung. Genieße das Gefühl – oder hol dir kurz einen Lappen.

👆 Du findest deine Wohnung sauber? Dann stell dir vor, ein Mensch, den du schwer beeindrucken möchtest, kommt überraschend auf Besuch. Oder deine Mutter.

Sätze, die du niemals sagen solltest!

»Das sieht doch eh niemand.«

»Das mache ich morgen.«

»Ich wollte das wirklich gerade wegmachen!«

»Wasser macht keine Flecken.«

»Ich mache jetzt die Küche.« (Einfach machen.)

»Ich habe gerade die Wäsche gewaschen.« (Siehe oben.)

»Hätte ja was gemacht, aber du hast gar nichts gesagt.«

»Ach stimmt, das wollte ich noch aufheben/putzen/wegräumen.«

Der vernetzte Haushalt

Es gibt spezielle **Putzerinnerungs-Apps,** beispielsweise Sweepy, die für jeden Raum die dort üblicherweise notwendigen Tätigkeiten bereits vorab eingetragen haben, die man aber durch eigene Aufgaben noch ergänzen kann. Man wählt, wie oft man saugen, Fenster putzen oder Handtücher austauschen will, und Sweepy erinnert im vorgegebenen Intervall.

Das Gute daran: Es werden auch vermeintlich exotische Tätigkeiten wie »Lichtschalter reinigen« oder »Fußleisten reinigen« vorgeschlagen, an die man sonst erst selbst denken müsste. An all jene Haushalts- und Putzaufgaben, die nicht von selbst ins Auge springen (etwa Fenster, durch die kein Licht mehr kommt), muss man nicht mehr denken, sondern macht sie, wenn Sweepy (in der kostenlosen Version) daran erinnert. Für 17,99 Euro pro Jahr kann man die übrigen Familienmitglieder mit einbinden, einen Putzplan erstellen und jedem bestimmte Tätigkeiten zuweisen.

Man sollte jedoch nicht allzu stur auf die App fixiert sein. Manchmal will ein Wohnzimmer auch dann gesaugt werden, wenn Sweepy zwar die Klappe hält, die Fußsohlen jedoch spüren, dass aus irgendeinem Grund mehr Staub ins Haus gekommen ist. Manchmal muss der Küchenboden vielleicht gar nicht gewischt werden, obwohl Sweepy das auf den Tagesplan gesetzt hat. Die nachhaltigere Vorgehensweise ist also, sich vom vorhandenen Dreck steuern zu lassen statt von einer App. Vor allem haben allzu regelmäßige Erinnerungen den Nachteil, dass sie irgendwann einfach ignoriert und weggedrückt werden. Dann nutzt die ganze schöne App nichts mehr. Aber wenn sie allein durch ihre umfangreiche To-do-Liste dabei hilft, beim tatsächlichen Putzen nichts zu übersehen, ist das ja auch schon nicht so übel.

Für die Organisation des gemeinsamen Einkaufs bewährt haben sich **teilbare To-do-Listen für Smartphones.** Die können nicht nur für anstehende Putzaufgaben verwendet werden, sondern – noch viel praktischer – auch als gemeinsame Einkaufsliste. Wem auffällt, dass das WC-Papier langsam zur Neige geht, der hat in dieser Situation meistens ohnehin gerade das Smartphone in der Hand und kann Toilettenpapier auf die gemeinsame Liste setzen. Wer dann als Nächste/r einkaufen geht, sieht diesen Posten auf dem virtuellen Einkaufszettel, ohne auch nur in die Nähe des WCs gekommen zu sein.

Die beste aller To-do-Listen war die von deutschen Entwickler/innen stammende Wunderlist-App, die 2015 von Microsoft übernommen und 2020 abgeschaltet wurde. Die Microsoft »To Do«-App kann aber mittlerweile das Gleiche wie die viel betrauerte Wunderlist.

Bei den meisten To-do-Listen-Apps kann man die unterschiedlichsten Listen anlegen und teilen. So kann sich ein Haushalt also beispielsweise mit einer Einkaufsliste, einer Putzliste, einer Kochliste und einer »Wer ist diesmal dran mit Müll-Runtertragen?«-Liste organisieren, die nach jeder Änderung für alle Nutzer/innen automatisch aktualisiert werden.

Ein paar gute (und in der Grundversion kostenlose) To-do-Listen sind:

X Microsoft To Do todo.microsoft.com/de-de
X Todoist todoist.com/de
X Zenkit zenkit.com/de/todo/

Das Frühwarnsystem

Milch schon wieder alle? Küchenrolle aufgebraucht? Deshalb leisten alle im Haushalt lebenden Personen jetzt einen heiligen Schwur, der da lautet: »Sobald wir die *vorletzte* Küchenrolle aus der Packung genommen haben, setzen wir sie sofort auf die Einkaufsliste!« Dahinter steckt die Vermutung, dass die wenigsten Menschen jeden Tag einkaufen gehen. Die Wartezeit zwischen letzter Küchenrolle und nächstem Einkauf könnte also länger sein als die Rolle selbst.

Bei Zuwiderhandlung muss der/die Säumige auf der Stelle alles stehen und liegen lassen und sofort Nachschub besorgen.

So wirst du zum Mitbewohner/zur Mitbewohnerin des Jahres:

♡ Du nimmst nicht nur die leere Toilettenpapierrolle vom Halter und gibst sie ins Altpapier, sondern steckst auch gleich eine neue Rolle auf.

♡ Du wirfst hin und wieder einen Blick in den Wasserkocher, um zu kontrollieren, wie flächendeckend die Kalkschicht dort bereits ist, und greifst entsprechend zum Essig oder zur Zitronensäure. Danach stellst du den Wasserkocher so hin, dass all deine Mitbewohner/-innen wissen, dass er gerade entkalkt wird und sie mit ihrem Teewasser noch kurz warten sollten.

♡ Du bringst den Müll raus, wenn er voll ist, ohne dass dich jemand darum bitten muss.

♡ Du hast im Kopf, wann Altpapier, Biomüll und Gelbe Tonne geleert werden.

♡ Du achtest darauf, wo deine Fußnägel beim Schneiden hinspringen und sammelst sie alle wieder ein.

♡ Du stellst dein schmutziges Geschirr nicht *zum* Geschirrspüler, sondern *in* den Geschirrspüler. Wenn der schon voll ist, wirfst du ihn an. Wenn er voll, aber sauber ist, räumst du das Geschirr aus.

♡ Wenn dir etwas runterfällt, hebst du's wieder auf.

♡ Wenn du etwas schmutzig gemacht hast, machst du's wieder sauber.

♡ Bevor du eine Waschmaschine anwirfst, gehst du vorher durch die Wohnung und sammelst alles ein, was auch gleich mitlaufen könnte. Handtücher? Geschirrtücher? Die Mikrofasertücher für Notfalleinsätze, die in den anderen Räumen deponiert sind?

17 ✨ Der Putzplan oder: wann, wer, was, warum?

In den Kapiteln 5 bis 9 haben wir bereits eine erste Liste mit den To-dos, die in jedem Raum durchschnittlich anfallen, aufgestellt. Ihr habt idealerweise auch schon überlegt, wie oft was erledigt werden soll, und vor allem, von wem. Hier fassen wir alles noch einmal übersichtlich zusammen und ergänzen durch Tätigkeiten, die jeder im Vorbeigehen machen kann, etwa, die Lichtschalter abzustauben. Machste einmal pro Monat und ist schon erledigt.

Was jetzt noch fehlt, sind exotische Tätigkeiten, wie Spinnweben und Staubfäden aus Zimmerecken zu entfernen. Wenn du die erste Regel des Putzens beherzigst (»Immer von oben nach unten putzen«), machst du das beim Staubsaugen automatisch mit. Wenn du zu klein bist oder dein Staubsaugerrohr zu kurz ist, holst du dir einen Besen oder eine lange Stange und legst ein feuchtes Tuch darüber. Wenn du nicht gerade in einer Kirche wohnst, sollte das genügen. Wenn nicht, dann Vorsicht! Bekanntlich passieren die meisten Unfälle im Haushalt!

Nicht erschrecken, das wird jetzt eine lange Liste. Zu der auch noch eure ganz persönlichen Aufgaben dazukommen, etwa, das Aquarium zu reinigen oder deine Überraschungseier-Sammlung abzustauben. Das alles sind Vorschläge, die du mit allen Bewohner/innen deiner Wohnung oder deines Hauses an einem ruhigen Tag mit viel Sonnenschein und aufmunternder Musik durchgehen solltest.

Dieser Plan ist auch auf www.piper.de/sauber-putzplan downloadbar.

TÄGLICH

BAD/WC

☐ Zahnpastaflecken im Waschbecken entfernen

☐ Schaum in der Dusche wegspülen oder wegwischen

☐ Barthaare nach dem Rasieren wegspülen

☐ Zahnbürste nach dem Putzen ausspülen und trocken schütteln

☐ Haare aus Kamm/Bürste entfernen

☐ Haarsieb in der Dusche/Badewanne entleeren ★Dusche mit dem Abzieher trocknen oder trocken wischen★ (für die besonders Motivierten)

☐ WC nach jedem Gebrauch auf Flecken kontrollieren und diese entsprechend entfernen (ja, nach **jedem** Gebrauch!)

KÜCHE

☐ Nach dem Kochen alle Arbeitsflächen reinigen und Boden checken

☐ Putzlappen in die Schmutzwäsche geben (je nach Zustand)

☐ Geschirrspüler: Schmutzsieb reinigen, Sprüharme auf Verstopfungen checken

WÖCHENTLICH

BAD/WC

☐ Dusche mit Essig oder Zitronensäure von Kalk befreien

☐ Badewanne putzen

☐ Alle Ablageflächen abstauben

☐ Staubsaugen

☐ Boden wischen

☐ Zahnputzbecher im Geschirrspüler mitwaschen

☐ Handtücher auswechseln

☐ WC gründlich reinigen, inkl. WC-Bürste, Bürstenständer und Klopapierrollenhalter

☐ Badematten und WC-Vorleger waschen

KÜCHE

☐ Dunstabzugshaube mit heißem Lappen wischen

☐ Bodensieb im Geschirrspüler herausnehmen und reinigen

☐ Spüle mit Essig oder Zitronensäure putzen

- ☐ Wasserkocher/Kaffeemaschine entkalken
- ☐ Griffe von Küchenschränken und Kühlschrank reinigen
- ☐ Geschirrschwamm im Geschirrspüler mitwaschen

WOHNZIMMER
- ☐ Staub wischen
- ☐ Staubsaugen

SCHLAFZIMMER
- ☐ Bettwäsche wechseln (spätestens alle 2 Wochen)
- ☐ Staub wischen
- ☐ Staubsaugen

ÜBERALL
- ☐ Türklinken reinigen

ALLE ZWEI WOCHEN

KÜCHE
- ☐ Kühlschrank ausmisten und reinigen

WOHNZIMMER
- ☐ Boden feucht wischen

SCHLAFZIMMER

☐ Boden feucht wischen

MONATLICH

KÜCHE

☐ Küchenfronten wischen

☐ Backrohr/Mikrowelle reinigen

☐ Besteckschublade ausräumen und auswischen

☐ Geschirrschwamm erneuern

☐ Dunstabzugshaube grundreinigen

☐ Fenster putzen

WOHNZIMMER

☐ Polstermöbel absaugen

BAD

☐ Zahnbürste auswechseln (spätestens nach 3 Monaten)

ÜBERALL

☐ Lichtschalter abstauben

☐ Türen & Türrahmen abwischen

☐ Fernbedienungen reinigen

☐ Waschmaschine: Flusensieb reinigen

☐ Waschmaschine: Türdichtung reinigen

HALBJÄHRLICH

☐ Bücherregale absaugen

☐ Küchenregale ausräumen und auswischen

☐ WC-Bürste austauschen

☐ Wohnzimmerfenster putzen

☐ Schlafzimmerfenster putzen

JÄHRLICH

☐ Heizkörper reinigen

☐ Vorhänge waschen

☐ Bettdecke zur Reinigung bringen

☐ Tiefkühler abtauen

☐ Zimmerecken von Spinnweben befreien

18 Bonustrack für Leidtragende oder: Alles wird gut!

Du bist der oder die arme Seele, die mit einem Putzphobiker oder einer Schmutzblinden zusammenlebt? Wie oft pro Tag machst du deine Atemübungen, um deinen Puls wieder runterzukriegen? Aber sieh es einmal von der anderen Seite. Wie sagte eine offenbar sehr kluge Frau dereinst so richtig: »Sei froh, dass er kein Sauberkeitsfanatiker ist, die sind noch schlimmer.« Du bist immerhin nicht mit jenem Mann zusammen, der im Handschuhfach eine Liste mit besonders schmutzenden Baumarten deponiert hat, unter denen seine Frau das Auto nicht parken durfte. Auch das ist eine wahre Geschichte!

Wenn du ganz ehrlich bist, hat dich ein Fleck auf dem Küchenboden bislang noch nicht umgebracht. Selbst nach zehn Tagen nicht, dann ist er wenigstens schön festgetrocknet und kann nicht mehr in der übrigen Wohnung verteilt werden. Und irgendwann wird er/sie es schon noch lernen, ganz langsam, Schrittchen für Schrittchen. Die Klopapierrolle wird bereits ohne Erinnerungsmail oder lautes Ächzen ausgetauscht und hängt dann sogar jedes Mal richtig herum auf dem Halter? Triumph!

Je nachdem, wie alt dein/e Mitbewohner/in ist und wie lange ihr/ihm alle Hausarbeit bis dahin von anderen abgenommen worden war, kann es eben Jahre dauern. Ozeandampfer brauchen ja auch ein paar Stunden zum Wenden. Mit positiver Verstärkung kannst du jeden Fortschritt fördern, auch wenn du zu Beginn jedes geputzte Fenster bejubeln musst wie Babys erstes Mal auf dem Töpfchen.

Du kannst natürlich, wenn du irgendwann am Ende deiner Kräfte bist, zu Radikalmaßnahmen greifen. Twitter-Userin @MissPotkin ist zu Beginn des zweiten Pandemiejahres einfach in Streik getreten und hat während der darauffolgenden Tage dokumentiert, wie ihre Küche immer mehr versifft, das Essen auf dem ungespülten Geschirr stetig härter wird und der Schmutzwäscheberg alpine Ausmaße annimmt. Gegen diese Frau war Hitchcock ein Anfänger. Allein die nervenzerfetzende Frage, wann dieses einsame, übrig gebliebene Würstchen in der Pfanne auf dem Herd (»Die Wurst des Todes«) endlich entsorgt werden und welche Farben es bis dahin angenommen haben würde – nichts für schwache Nerven! Aber auch der Einfallsreichtum ihrer Restfamilie, welches Not-Geschirr sie noch hervorkramen konnten, bevor einer von ihnen endlich auf die geniale Idee kam, die Spülmaschine anzuwerfen, ist höchst unterhaltsam nachzulesen.

Wer hingegen gerade mit jemandem zusammengezogen ist, dem steht ein einmaliges kosmisches Fenster offen, in dem sich der zukünftige Lauf der Welt noch entscheidend steuern lässt. Ein wichtiger Satz, den eine andere Freundin von ihrer Mutter beigebracht bekommen hat, lautete: »Wie du es dir einrichtest, so hast du's.« Sprich: Die ersten Wochen des Zusammenlebens setzen den Ton für alle weiteren. Woraufhin die Freundin ihrem zukünftigen Ehemann gleich einmal erklärte, dass sie seine Hemden sicher nicht bügeln würde.

So romantisch die ersten gemeinsamen Tage auch sein mögen: Legt zwischendurch kurz die rosa Brillen ab und schafft Fakten! Macht Listen, teilt auf! Und Vorsicht vor

Präzedenzfällen! Keine voreiligen Aussagen ohne Anwalt! Denn wer sich als Erster bewegt und sagt: »Mir macht Kloputzen eigentlich nichts aus«, hat das für den Rest des gemeinsamen Lebens an der Backe! (Siehe auch »Aber bisher hat dich das doch auch nicht gestört!« im Kapitel »Mental Load«.)

Wenn du jedoch bereits mit einem schweren Fall an Putzunwilligkeit dein Leben teilen musst, mögen dir die folgenden Anekdoten ein bisschen Mut machen und dir zeigen, dass du nicht allein mit deinem Schicksal bist.

Kennen Sie schon den…?

…von der Frau, die ihre Klobürste im Geschirrspüler mitgewaschen hat? (Augenzeugenbericht eines Reparatur-technikers)

…von dem Mann, der zu seiner Frau sagte: »Wir müssen mal wieder staubsaugen«? (Was ja, wie wir aus dem Kapitel »Mental Load« bereits wissen, keine besonders partner-freundliche Aussage ist.) Als seine Frau darauf antwortete: »Gerne, dort steht der Staubsauger«, war er ganz überrascht zu sehen, dass es eines dieser neumodischen Modelle ohne Beutel war. Wie lang er mit diesem Staubsauger zu diesem Zeitpunkt bereits in einer Wohnung lebte? 1,5 Jahre.

…von den – vornehmlich jungen und männlichen – Bürokollegen, die ihre Kaffeebecher immerhin brav in den Geschirrspüler gestellt haben? Mit der Öffnung nach oben.

…von dem Mann, der sich zwei Verlängerungskabel holte, damit er sich im Garten rasieren kann, weil ihn seine Frau nach dem letzten Mal gebeten hatte, seine Bartstoppel vom Waschbecken zu entfernen?

…von dem Mann, der vor seinen Freunden stolz berich-tete: »Ich habe gerade einen neuen Staubsauger gekauft, mega Teil, nur das Beste. Sie hatte echt viel Ärger mit dem alten«?

… von den »Mittzwanziger-Superdudes mit Metall im Gesicht, Bärten und Man Buns«, die davon schwärmten, dass die Mutter von einem von ihnen immer wieder für eine Grundreinigung seiner Bude vorbeikommt? (Hat die wunderbare Hamburger Krimiautorin Simone Buchholz live am Nebentisch mitgehört.)

… von dem über 50-jährigen geschiedenen Mann, dessen Bekannter es sich bei einem Besuch nicht verkneifen konnte, das Chaos in der Küche zu beseitigen, während der Geschiedene gerade unterwegs war? Als er zurückkam, sagte er allen Ernstes: »Ah, meine Mutter war hier!«

… von dem Mann, der beruflich riesige Passagiermaschinen fliegt, aber nicht weiß, wie man die Waschmaschine öffnet?

… von dem Mann, der, gemütlich in seinem Sessel sitzend, nach draußen deutete und zu seiner Frau sagte: »Schau mal, es regnet und deine Wäsche hängt noch draußen«? Die Frau ging dann übrigens raus und holte ihre Sachen rein, seine wurden wieder nass.

… von dem Mann, der seine Kleidung einfach tagelang auf dem Boden herumliegen ließ? Bis seine Frau sie eines Tages dort festnagelte. Von da an hob er seine Sachen zwar immer brav auf, sie sind mittlerweile aber trotzdem geschieden.

Selbermachen ist Trend – und schont die Umwelt!

Bewährte Hausmittel neu entdecken

Die besten Tipps und Rezepte für Gesundheit, Küche, Garten und Haushalt. Natürlich und nachhaltig

Piper Taschenbuch, 288 Seiten
€ 17,00 [D], € 17,50 [A]*
ISBN 978-3-492-31516-6

Mit einfachen Hausmitteln ließ sich früher jedes Problem lösen – und sie funktionieren auch heute noch! Selbst gemachtes Waschmittel mit Zitrone hilft gegen Flecken, die richtige Lagerung von Vorräten sorgt für längere Haltbarkeit. Im Garten macht gemischter Anbau viele Schädlingsvernichter überflüssig und aus bestimmten Kräutern lässt sich ganz einfach eine Notfallapotheke machen. Katrin Tempel liefert zahlreiche Tipps und Rezepte, mit denen wir teure Supermarktprodukte vermeiden und so gesünder und nachhaltiger leben.

Leseproben, E-Books und mehr unter **www.piper.de**

PIPER